성공하지 말고, **행복**해져라

행복한 것이 이기는 것이다

성공하지 말고, 행복해져라

마크 알렌 지음 · 신혜경 옮김

마음의숲

PROLOGUE

PART 1 행복≠성공

PART 2 행복하기 위해 꿈꿔라

PROLOGUE

당신은 크나큰 포부만큼 위대해질 것이다.
만일 당신이 가슴에 품은 상상력과 높은 이상을
소중히 여긴다면 이를 깨닫게 될 것이다.

제임스 알렌

성공하고
싶은가?

우리는 저마다 길고 독특하며, 굴곡 많고도 완벽하게 독창적인 길을 걷고 있다. 그리고 각자의 길에서 소중한 것들을 발견한다. 그래서 때로는 다른 사람의 인생 이야기를 듣는 것이 도움이 된다. 적어도 나의 경우는 그랬다.

악몽 같았던 현실

먼저 내 얘기를 좀 할까 한다. 20대와 30대 초반, 나는 손에 닿는 것은 모두 금으로 변한다는 그리스 신화 속 미다스와는 아주 거리가 먼 사람이었다. 내 손이 닿으면 모든 것이 실패했다. 그것만으로도 충분히 끔찍하지만 그보다 훨씬 심각했던 것은 걷잡을 수 없을 정도로 극심한 감정의 기복이었다.

나는 대학을 중퇴하고 영화사에 들어갔다. 하지만 회사는 1년이 못 되어 문을 닫았고, 곧이어 다른 회사에 취직했지만 그곳도 몇 달 만에 간판을 내렸다.

남은 것은 춥고 축축했던 기억뿐이었다. 그 길로 티베트 불교 사원으로 발길을 돌려 아주 열심히 일했다. 하지만 한 푼도 벌어들이지 못했음은 물론이고, 불만족스러운 인생을 좀 더 나은 삶으로 바꿔 줄 만한 어떤 깨달음도 얻지 못했다.

나는 너무 느리다는 이유로 접시 닦는 일에서 해고되었으며, 제시간에 활자를 찾아내지 못한다는 이유로 조판 일에서도 쫓겨났다. 그리고 몸담고 있던 록 밴드도 몇 년이 안 되어 해체되고 말았다. 그리고 어느 날 인생의 전환기를 맞았다. 그리고 어느 날 인생의 전환기를 맞았다.

PART 1

행복 ≠ 성공

가장 믿을 만한 용기란 직면한 위기를

올바르게 인식하는 것이다.

살아가는 중에 위기가 없을 수 없다.

언제 위기가 닥쳐올지 모른다.

이 때 중요한 것은 그것을 올바르게 인식하는 것이다.

H. 멜빌

그대,
행복해질 용기가 있는가?

서른 살이 되었다는 것을 깨달은 아침, 나는 충격에 휩싸여 있었다. 마침내 내가 더 이상 어린애가 아니라는 사실을 깨달은 것이다.

　나는 아무런 직업도, 적금도, 재산도 없었다. 낡은 전자피아노 한 대가 내가 가진 전부였고, 캘리포니아 주 오클랜드 변두리의 작은 원룸 월세를 내는 것도 힘겨워 허덕였다.

위기였다.

지금
이 순간이 위기라는 생각을 버려라

위기를 인식한 바로 그날이 내 인생을 송두리째 바꿔 놓았다. 새로운 방식으로 아이디어를 적용하기 시작한 덕분이었다. 전에는 그저 이따금씩 떠올랐다 사라졌던 생각과 덧없고 아득하게만 느껴졌던 가능성들이 하나의 모습을 갖춘 아이디어가 된 것이다.

나는 자리를 잡고 앉아 종이를 펼쳤다. 그러자 위기를 극복할 수 있는 첫 번째 비밀이 된 내용들이 순식간에 종이를 가득 채웠다.

절대로 조급해서는 안 된다. '인생은 길다'라고 생각하라. 그리고 천천히 당신이 그리는 이상적인 상황을 종이 위에 적어라.

앞으로 5년 안에 당신이 이루고 싶은 꿈들을 글로 옮겨라.

그리고 그것을 가슴 깊이 새겨라.

서른 살이 된 바로 그날, 나는 책상 앞에 앉아서 종이를 펼쳤다. 그리고 맨 위에 내가 그리는 가장 이상적인 상황을 적었다.

나는 상상할 수 있는 것뿐만 아니라, 지나가 버린 모든 것까지 고스란히 그 안에 담았다. 그러자 앞으로 5년 동안 나에게 일어날 수 있는 가장 이상적인 인생을 그럭저럭 완성할 수 있었다.

'종이 위에 담긴 나의 인생은 어떤 모습일까?

그 속에서 나는 어떤 일을 하고, 무엇을 가지며, 어떤 사람이 되어 있을까?'

종이에 담긴 인생과 마주한 나는 그만 깜짝 놀라고 말

았다. 심지어 낯설기까지 했다. 5년 뒤의 나는 출판사를 차려 여러 종류의 책들을 아주 성공적으로 출간하고 있었다. 그 안에는 내가 직접 쓴 책들과 녹음한 음악도 포함되어 있었다.

종이 위에 써내려가기 전까지, 나는 사업에 털끝만큼도 관심이 없었고, 경영 관련 수업을 받은 적도 없었다. 또한 글을 쓰거나 내 음악을 녹음해 본 적도 없었다.

하지만 가장 이상적인 상황을 써 내려가자, 그 안에 담긴 글자 하나하나가 나와 주변의 모든 사람들을 놀라게 했다.

나는 베스트셀러 여러 권을 집필하고, 아름다운 음악을 녹음했다고 상상했다. 그리고 내가 제일 좋아하는 지역인 캘리포니아 주 북부 언덕 위에 지은 근사한 흰색 집을 가졌다고 상상했다. 또한 아주 멋진 인간관계를 맺고 있다고 상상했다.

그리고 나는 서슴지 않고 한 가지를 덧붙였다. 무엇보다 시간적으로 무척 여유롭다고 상상했다. 가장 이상적인 상황을 그리고 있었으므로 그 모든 것들이 가능했다. 마르지 않는 창의력, 성공적인 사업, 친구와 가족, 그리고 나 자신을 위한 넉넉한 시간. 바로 이것이 서른 살의 내가 그렸던 가장 이상적인 상황이었다.

그리고 마지막으로 덧붙인 그 한 가지 상상이 나의 삶을 극적으로 변화시켰다. 감히 가장 이상적인 상황을 꿈꾸는 동안에 내 스스로가 무엇보다 안락한 생활을 간절히 원하고 있음을 깨달았다.

나는 지나치게 열심히 일하고 싶지 않았다. 오랜 시간 일에 매달리는 것이 비인간적으로 느껴졌다. 나는 안정적이고 여유로운 생활을 꿈꿨다. 창조적이고, 정신적이며, 친구나 가족과 함께하는 삶을 영위하기 위해서였다.

편안하고 여유롭게,

삶의 소중한 것들에게 상처 주지 않고 성공하는 것.

이것이 나의 이상이었다. 나는 정말 좋아하는 일을 하며 살고 싶었다. 그리고 진정으로 즐길 수 없다면 차라리 그 무엇도 하지 않길 바랐다.

그때는 미처 깨닫지 못했지만, 그 순간 나는 위기를 극복하는 비밀보다 훨씬 더 중요한 비밀들을 배워 나가고 있었다.

꿈을
꾸는 것도 용기가 필요하다

나는 잠시 동안 앞에 놓인 종이를 응시했다. 그리고 마침내 깨달았다. 그 안에 내 목표가 담겨 있다는 사실을. 나는 두 번째 종이를 집어 들고 생각할 수 있는 모든 목표를 만들었다. 우선 12가지 목표가 세워졌다. 참고로 말하자면 지금 나는 6가지 목표가 담긴 목록을 지니고 있다.

그 뒤로 30년이 흘렀지만, 모든 순간이 아직도 기억에 생생하다. 목표들을 적어 내려가는 동안 의심과 두려움이 나를 엄습했다.

내 첫 번째 목표는

회사를 세우고 키워 나가기.

였다.

의심을 이겨내라

여러 가지 생각들 때문에 머릿속이 복잡해졌다.

'내가? 농담하는 거지? 난 한 푼도 없잖아. 돈을 벌려면 우선 자본이 필요하다고! 사업에 대해서 아는 것도 전혀 없잖아! 게다가 그런 일을 하다가는 유일한 재산인 창조성마저 메말라 버리고 말 텐데…. 영혼도 파괴될 거야. 돈은 모든 악의 뿌리니까! 부자가 천국에 가는 것은 낙타가 바늘구멍을 통과하는 것만큼이나 어렵다고 하잖아!'

하나같이 의심에 찬 부정적인 생각들로 가득했다. 나는 불확실한 미래에 대한 두려움에 떨었다. 하지만 그 순간 문득 캐서린 폰더가 쓴 책의 한 구절이 떠올랐다. 그녀는 확신의 힘에 대해 얘기했다.

우리가 꿈이나 목적에 관해 무의식적으로 던지는 단순한

말들이 바로 현실이 된다는 것이다. 말은 과거나 미래가 아닌 현재형으로 표현될 때 가장 강한 힘을 가진다고 한다. 이는 바로 우리의 잠재의식이 받아들일 수 있는 방식으로 작용해 마침내 내면으로 녹아든다는 뜻이다.

캐서린 폰더의 글 중에서 가장 또렷하게 기억하는 이 부분은 내 삶의 일부가 되었다. 그녀는 다음과 같은 말로 시작하거나 마무리할 때 확신의 효과가 더욱 커진다고 강조했다.

여유롭고 편안한 방식으로, 건강하고 긍정적인 자세로….

그래서 나는 종이 한 장을 더 꺼내 각각의 목표를 이 말로 시작하는 확신에 찬 문장으로 다시 고쳤다. 성공적인 회사를 세우고, 이를 키워 나간다는 나의 목표는 다음과 같은 모습으로 다시 태어났다.

'나는 지금 성공적인 회사를 키워 나가고 있다.
여유롭고 편안한 방식으로, 건강하고 긍정적인 자세로.'

말에 깃든 힘

위기를 극복해나가기 위한 두 번째 단계는 확신에 찬
문장으로 당신의 목표를 적는 것이다.

여유롭고 편안한 방식으로, 건강하고 긍정적인 자세로.

몇 년이 지나고 나서야, 난 그 말 안에 얼마나 강력한
힘이 깃들어 있는지를 비로소 깨달았다. 그 말을 매일 반
복하는 동안에 대부분의 의심과 두려움을 극복할 수 있었
다. 우리 머릿속에서 끝없이 맴도는 의심과 두려움은 대개
이런 모습이 아닌가?

'쉬운 일이 아니야. 너무 힘겹다고!'

'절대 편안하지 않아. 오히려 스트레스만 가득할 뿐이지!'

'건강하기는커녕, 긍정적이지도 않아. 난 실패하고 말 거야!'

'난 지금 내가 뭘 하고 있는지도 제대로 모르잖아?'

'난 멍청이라고!'

여유롭고 편안한 방식으로, 건강하고 긍정적인 자세로. 간결하면서도 힘찬 이 말을 수천 번 되풀이하라. 그러면 결국 의심과 두려움의 상당 부분을 이겨낼 수 있을 것이다. 이 말이 고집 센 나의 머리 깊숙이 자연스럽게 스며들기까지 자그마치 5년이 걸렸다. 하지만 나는 해냈다. 그리고 마침내 **여유롭고 편안한 방식으로, 건강하고 긍정적인 자세로** 세상 속에서 큰 성공을 거둘 수 있었다.

말의 힘을 절대 과소평가하지 마라. 당신이 되뇌는 모든 말에는 그것만의 힘이 깃드는 법이다. 행동은 생각에서 나온다. 그리고 바로 그 행동이 우리의 성공과 실패, 만족과 좌절을 결정하는 것이다.

나는 확신에 찬 문장으로 쓴 목표 목록을 바지 뒷주머니에 넣어 두었다. 그리고 아침에 눈을 떴을 때, 일을 시작할 때, 가끔은 욕실에서, 그 종이를 펼쳐 들고 읽었다.

나의 마음은 알고 있었다. 목표들을 계속 반복해서 읽으면 언젠가는 그것이 모두 잠재의식 속에 녹아들 것임을. 부질없어 보이던 꿈이 마침내 확고한 목적으로 변할 것임을. 그러고 나면 이러한 목적들이 곧 현실로 이루어질 것임을 말이다.

확신에 찬 문장으로 다듬어진 목표 목록을 읽는 과정이 나를 그 다음 단계로 이끌었다.

꿈을 꾸는 데에도
계획이 필요하다

위기를 극복하기 위한 다음 단계는 각각의 중요 목표에 대한 한 페이지 분량의 계획을 적는 것이다.

무척 간단하다. 그렇지 않은가?

이 과정은 아주 단순해야 하며, 이때 사용되는 단어들은 열 살짜리 아이도 쉽게 이해할 수 있을 정도라야 한다. 그래야 단어들이 잠재의식 속으로 녹아들기 쉽다.

나는 목표를 적은 목록 이외에 별도의 종이를 각각 한 장씩 준비했다. 그리고 그 목표를 이루기 위한 계획을 적어 내려갔다.

별것 아닌 듯한 이 과정을 모두 마치는 데 몇 달이 걸렸다. 내가 세운 계획들을 어디서부터 시작해야 할지조차 몰랐기 때문이다.

사업 시작이라는 목표를 위해 내가 생각한 계획이라곤 관련 서적을 읽고, 나보다 조금이라도 더 알고 있는 사람들을 모두 만나 얘기를 나눈다는 것과 같은 몇 가지 행동 지침이 전부였다. 하지만 바로 거기에서부터 모든 것이 시작되었다. 한 페이지 분량의 단순한 계획을 발판으로 삼아 다음 단계로 전진할 수 있었던 것이다.

작은 한 걸음부터 시작하라

위기를 극복하고 벗어나기 위한, 그리고 그것을 기회로 삼기 위한 마지막 단계는 행동으로 옮기는 것이다. 계획을 세우면 목적이 확고해진다. 행동으로 옮기면 그 무엇도 당신을 막을 수 없다.

이전의 단계들을 차근차근 밟아 나가자 다음 단계는 아주 수월했다. 나는 계획들을 계속 재검토했다. 그리고 다시 고쳤다. 계획의 대부분이 항상 변했기 때문이다. 그러고 나서 1주일 단위로 나눈 작은 달력을 꺼내 특정한 날에 실천할 지침들을 적어 두었다. 무의식적으로 내면에 강력한 메시지를 전달하기 위해서였다.

글로 옮겨 쓰면서 나는 목적에 대한 계획을 세웠을 뿐만 아니라, 이를 이루기 위한 다음 단계로 나아가고 있었다.

서른 살 때, 나는 빈털터리였다. 어쩌면 너무 늦었을지도 모른다는 생각에 절망과 좌절로 가득 찼었다. 그러나 그로부터 약 6년 뒤, 나는 백만장자가 되었다. 오랜 세월 동안 흔적조차 찾을 길 없던 행복과 성공의 비밀이 간단명료한 모습으로 내 앞에 나타난 덕분이었다.

위대한 성공이란 명확하게 정의된 목표를 향한
작은 걸음이 무수히 모여 만들어진 결과다.
이것이 바로 위기를 극복할 수 있는 비밀이다.

그리 간단한 일이 아니라고 생각하는 사람도 있을지 모른다. 모두 예전에 어디선가 들어 본 얘기고, 새로울 것이 없는 내용이라며 고개를 갸웃거릴 수도 있다.

사실이다. 이 안에 새로운 것은 하나도 없으며, 전에 어디선가 들어 봤을지도 모른다. 더구나 지극히 단순하다. 그런데 **이처럼 단순한 단계들이 바로 당신이 걸어야 할 길이다.**

행복에 정해진 길은 없다
필요하다면 길을 수정하라

의심과 두려움, 좌절과 불안감으로 이 길에서 벗어나게 될 때가 있다. 그럴 때마다 반드시 다시 돌아가야 한다.

어떻게 하면 그 길로 돌아갈 수 있을까?
다시 한 번 당신의 목표와 확신에 집중하고

계획을 되새기고, 최선을 다해 앞으로 나아가면 된다.

대부분의 경우, 비행기는 하늘을 나는 동안 조금씩 항로에서 벗어난다. 하지만 조종사가 거듭해서 방향을 바로 잡기에 마침내 목적지에 도착하게 되는 것이다. 이 얘기를 들었을 때 나는 생각했다.

'나의 인생 이야기와 똑같군. 나는 가야 할 길을 정했어. 그리고 거듭해서 항로를 수정했지. 계속 바로잡아 주어야 했어.'

바로 이 이야기 속에 당신과 내가 걸어야 할 길의 모습이 담겨 있다.

쓸모없는 과거는 없다

일단 가야 할 길이 정해지자 나는 비로소 매혹적인 과정이 펼쳐졌음을 깨달았다. 서른 번째 생일을 맞이하기 전까지는 과거의 경험이 아무런 쓸모가 없다고 생각했다. 모두가 손가락 사이로 스르르 빠져나가는 모래알과 같다고 여겼다. 하지만 일단 가야 할 길이 정해지고 단순한 계획들을 적어 내려가자 비로소 깨닫기 시작했다. 내가 경험한 모든 것들이 엄청난 가치를 지니고 있다는 사실을. 10대와 20대에 걸친 수많은 경험과 방황을 통해 많은 것들을 배운 터였다.

나는 너무나도 다양하고 가치 있는 비밀들을 배웠다. 다만 그것을 아직 인생에 적용하지 않았을 뿐이었다. 서른 살이 된 날 내딛은 작은 걸음이 모든 것을 바꿔 놓았다.

나는 목표를 확인하자마자 이를 이루기 위한 단기 계획을 세웠다. 그리고 작지만 의미 있는 몇 걸음을 내딛었다. 그러자 그동안 의미 없다고 생각했던 지나간 시간을 통해 내가 얼마나 많은 비밀들을 배웠는지 깨닫게 되었다. 내가 배운 모든 것들이 부질없다고 느끼는 대신, 목표를 이루는 데 큰 도움이 될 상당한 양의 정보와 지식이 내 안에 녹아 들어 있음을 실감한 것이다.

20대 초반에 나는 세상에서 제일 형편없는 상사 밑에서 반년 동안 일했다.

그는 분명 위기에 처한 회사에 어떻게 대처하고 상황에 맞게 견디는지에 대해 아주 잘 아는 사람이었다. 하지만 훨씬 더 중요한 비밀에 대해서는 알지 못했다. 훌륭한 인생을 사는 방법을 전혀 몰랐던 것이다. 그래서 나는 생각했다. 그와 정반대로 행동한다면 훌륭한 고용주와 리더가 될 수 있을 것이라고.

그는 나에게 '하지 말아야 할 것들'을 가르쳐 주었다. 그야말로 값으로 따질 수 없을 만큼 소중한 가르침이었다.

자신의

마음부터 다스려라

그즈음 서부 마법에 대한 책들을 전문으로 취급하는 서점에 들른 적이 있었다. 나는 서점 주인과 1시간 정도 얘기를 나눈 뒤에 책 몇 권을 사 들고 나왔다. 그 책들을 통해 유대교 신비주의 카발라와 이집트에서 비롯된 서부 마법의 전통에 대해 처음으로 접했다.

그중 가장 인상적이었던 책은 이스라엘 리가디가 쓴 《참된 치유의 기술》이다. 서부 마술에 대해 아주 간략하게 설명하고 있는 이 책을 나는 요즘도 읽는다. 그리고 이 책 덕분에 배운 운동도 계속하고 있다. 나를 비롯한 여러 사람들의 치유뿐만 아니라 물질적인 풍요와 성취를 위해서이기도 하다. 하지만 내가 이 운동을 계속하는 가장 큰 이유는 침대 위에 누워서 할 수 있다는 점 때문이다. 나처럼 게으른 사람에게 이보다 더 매력적인 운동이 또 있을까.

첫 번째 직장이었던 영화사에 다닐 때 나는 요가를 배웠다. 요가를 하면서 몸과 마음, 영혼이 크게 치유되는 경험을 했다. 너무 게으른 나머지 계속하지 못했는데도 불구하고, 나는 요가를 통해 얻은 열매를 여전히 수확하고 있다고 느낀다.

그 무렵, 나는 명상도 시작했다. 그리고 이를 통해 내 마음 안에 넓고도 넓은 공간이 자리 잡고 있음을 깨달았다. 마음이 만들어내는 모든 것은 활력과 풍요, 충만과 근본적으로 연결되어 있었다. 나는 보다 나은 삶의 경험을 이끌어낼 수 있는 지극히 고요한 마음의 중심을 발견한 것이다. 새롭게 발견한 이 중요한 도구를 어떻게 사용하면 좋을지 알 수는 없었다. 다만 모든 종류의 가능성들이 하나씩 나의 눈에 들어오기 시작했다.

20대 후반, 나는 성경책을 펼쳤다. 그리고 예수님의 말씀을 다시 읽었다. 나는 신약 성서에 담긴 그분의 말씀을 모두 모아 작은 책자에 담고 한동안 지니고 다녔다. 그분은 아이도 이해할 수 있는 쉬운 단어들로 힘겨운 삶을 이겨내는 방법과 그 무엇보다 위대한 성공과 행복의 비밀을 일러 주셨다.

청하라, 너희에게 주실 것이다.
찾아라, 너희가 얻을 것이다.
이것이 바로 삶의 비밀이다.

내가 너희를 사랑한 것처럼 너희도 서로 사랑하라.
네 이웃을 네 자신처럼 사랑하라.
원수를 사랑하라.
이것이 바로 그 무엇보다 위대한 비밀이다.

어쩌면 이렇게도 간단명료할 수 있는가. 예수님의 말씀에는 얼마나 큰 권위와 능력이 깃들어 있는지….

마음속 깊은 곳에 자리 잡은 캐서린 폰더의 말 또한 나의 모든 걸음에 영향을 끼쳤다. 사실 나의 인생을 송두리째 변화시킨 것은 그녀의 말 한마디였다. 당신 또한 나를 통해 그 말을 수도 없이 반복해 듣게 될 것이다.

여유롭고 편안한 방식으로, 건강하고 긍정적인 자세로.

나는 수년 동안 불교에 대해 공부했다. 그리고 이 종교가 그리스도교, 유대교, 이슬람교, 그리고 위대한 비전을 지닌 다른 종교와 서로 잘 융화될 수 있음을 발견했다. 세상 속에서 불교는 종교인 동시에 실용적인 철학이며, 효과적인 치료법이다.

부처님은 제자들에게 모든 것은 변하니 게으름 피우지

말고 정진하라는 마지막 말씀을 남겼다. 스스로 경험하고 그 안에서 진리를 발견해야 부처님께서 전하신 진리가 비로소 의미를 지닌다는 뜻이다.

예수님의 말씀을 읽고, 불교를 공부하고, 명상하는 이 모든 과정이 육체적, 지적, 그리고 정서적으로 나에게 영향을 끼쳤다. 아주 작은 노력으로 근심의 대부분을 덜어냈고, 우울함도 완전히 떨쳐 버렸다.

근심은 위기를 낳고 위기는 근심을 키운다

나는 나의 근심이 외부에서 비롯된 것이 아님을 이해하기 시작했다. 무성한 생각과 부주의한 행동들을 통해 수많은 근심들을 스스로 만들고 있었다. 바깥세상은 나에게 근심을 주는 법이 없다는 사실을 깨닫게 된 것이다.

나에게 근심을 주는 것은 오직 나뿐이다.

우리가 느끼는 고통의 원인은 바로 우리에게 있다.

그렇다. 삶을 살아가다 보면 때때로 육체적인 고통을 겪게 될 것이다. 사실 고통을 피하기는 쉽지 않다. 우리가 물질인 몸을 가진 탓이 아니라 우리 스스로 고통을 선택하기 때문이다. 우리의 문제를 만들어 내는 것은 다른 누구도, 광대한 바깥세상도 아니다. 바로 우리 자신인 것이다.

깨달음을 얻은 순간, 부처님은 땅에 손을 대셨다. 그러자 그분의 모든 문제들이 흩어지고 다시 돌아오지 않았다. 모든 문제의 원인이 마음속에 있음을 이해했기 때문에 그 깨달음을 통해 더 이상 어떤 문제도 야기되지 않은 것이다. 그 순간 부처님의 삶은 변했다. 고통과 좌절이 사랑, 연민, 영원한 평온, 그리고 빛으로 완전히 변해 버렸다. 땅에 손을 댄 순간 부처님은 그 무엇보다 위대한 비밀을 발견했던 것이다.

20대에 나는 너무도 훌륭한 정보들을 많이 수집했다. 하지만 그저 쌓아 두기만 했기에 그 모든 것들은 나의 삶에 어떠한 영향도 끼치지 못했다. 예수님, 부처님, 명상, 요가, 그리고 서부 마술을 통해 배운 모든 것들이 나를 매료시키고 있었다. 그러나 나는 여전히 좌절에 빠진 가난한 청년이었다. 정보는 내 일상의 경험에 영향을 미치는 지식이 되지 못했으며, 지식은 나의 삶을 이끌어 줄 지혜가 되지 못했다.

과감히 상상할 수 있는 가장 큰 꿈을 꾸라. 이에 계획을 세우고 글로 적고 목표를 향해 다가가니, 수년 동안 모아온 정보들이 언제든 사용 가능하게 변했다. 이 정보는 힘들고 어려운 상황에 대처하는 비밀과 위대한 성공과 행복의 비밀을 발견할 수 있도록 한 걸음 한 걸음 나를 이끌어주는 지식이 되었다.

근심은 합리성의 가면을 쓰고 찾아온다

가장 이상적인 장면을 떠올리자마자 나는 의심과 두려움에 짓눌렸다. 우리는 자신을 방해하는 내면의 목소리에 대처할 방법을 반드시 배워야 한다. 이는 무엇보다도 중요한 일이다. 의심과 두려움이 우리를 좌지우지하도록 내버려 둔다면 그 어떤 꿈도 이룰 수 없기 때문이다.

의심과 두려움은 우리의 가장 큰 적이자 가장 훌륭한 스승이다. 돌아보면 이를 극복하기 위해 나는 그저 단순한 몇 가지 일을 했을 뿐이다. 그중 첫 번째는 이미 언급한 것이다.

나는 **내 꿈에 대해 확신하기** 시작했다. 여유롭고 편안한 방식으로, 건강하고 긍정적인 자세로. 강력하고도 창조적인 힘을 지닌 이 말은 나의 인생에 아주 긍정적인 영향을 끼쳤다.

내가 했던 또 다른 일은 **간단한 결정을 내린 것**이다. 서른 번째 생일을 지금도 생생히 기억한다. 그날 나는 손바닥만 한 아파트 안을 왔다 갔다 하면서 혼잣말을 했다. 키우던 고양이 녀석이 물끄러미 나를 쳐다봤다. 아무래도 주인이 미쳐가는 모양이라고 생각하는 눈치였다. 한참을 그러고 있다가 나는 걸음을 멈추었다. 그리고 상상 속의 가장 이상적인 모습을 적어 내려갔다. 하지만 첫 번째 문장을 완성하기도 전에 의심과 두려움에 휩싸이고 말았다.

모든 의심들은 지극히 상식적이고 현실적이며, 합리적인 것들이었다.

공상하고
상상하라

'성공을 꿈꾸는 것조차 말이 안 되는데, 하물며 큰 성공을 그린다고? 자신을 좀 보라고. 서른 살인데, 난 얼마 안 되는 월세조차 제때 마련하지 못해 애를 먹고 있어. 난 가난뱅이야. 도대체 뭘 믿고 내가 모든 걸 바꿀 수 있다고 생각하는 거지? 나한테는 성공할 수 있는 요건이 하나도 없어. 주변을 둘러봐. 그러면 그게 현실이라는 걸 알게 될 테니까!'

이러한 내 안의 목소리가 끊임없이 들려왔다. 하지만 그러고 나서 몇 년 전에 들었던 어떤 얘기가 떠올랐다.

발명가이자 공상가였던 벅민스터 풀러는 60대에 대학에서 많은 강연을 했다. 그는 20대에 "그냥 자살하고 말 것이냐, 아니면 자신의 인생을 일종의 독특한 실험으로 여길 것이냐를 결정해야 하는 갈림길에 섰었다."고 말했다. 다행스럽게도 그는 후자를 선택했다. 그리고 삶의 마지막 순간에 그는 자신의 인생이 '50년에 걸친 실험'이었다고 말했다.

그 '실험'이라는 단어가 나의 마음을 사로잡았다. 나는 모든 의심과 두려움을 향해 크게 외쳤다.

'이것을 단지 실험이라고 여기면 안 되는 거야? 순수한
실험이라고 생각하고 꿈을 향해 나아가면 안 되는 거냐고?'

마음속 의심과 두려움이 재빨리 고개를 들었다.

'그게 어떻게 가능하겠어. 어림없지! 왜 그렇게 바보가
되지 못해 안달이야?'

하지만 나는 말할 수 있었다.

'이봐, 만일 효과가 없다 해도 지금보다 더 나빠질 건
없잖아!'

그러자 의심과 두려움의 기세도 한풀 꺾였다. 이 실험

이 한심한 시간 낭비라고 확신하고 있었음에도 불구하고 말이다. 하지만 나는 이렇게 의심과 두려움을 완전히 극복했다.

'1, 2년만 시도해 볼게. 순수한 실험으로써. 그러고 나서 내 의심과 두려움이 옳다는 걸 깨달으면 그 의견에 동의할게. 그리고 좀 더 상식적이고 현실적인 사람이 될게. 하지만 이 실험을 시도해 볼 거야. 분명 좋은 일이 생길 것 같으니까.'

그러나 내 머릿속에는 온통 실패할지도 모른다는 생각뿐이었다.

'마음껏 게으르게 살면서 어떻게 인생에서 성공을 거머쥐겠다는 거야? 그건 불가능해! 인류역사상 그런 일은 한 번도 없었다고!'

그래도 그저 시험 삼아 한 걸음 내딛어 보자고 나를 다독였다.

'그래, 순수한 실험으로써.'

1년이 채 못 되어, 나는 그것이 충분히 효과적이라는 사실을 깨달았다. 여전히 고군분투 중이긴 했지만 내가 걷는 길이 옳으며, 이를 통해 꿈꾸던 인생을 만들어 갈 수 있다는 확신이 들 만큼 충분한 신호들이 나타났다. 여유롭고 편안한 방식으로, 건강하고 긍정적인 자세로도 얼마든지 성공할 수 있다는 사실이 말이다.

수많은 의심과 두려움을 극복하기 위해 나는 20대 후반에 우연히 들었던 1주일 코스의 세미나에도 다시 참가했다. 《더 높은 깨달음을 향한 지침서》의 저자이자 자기계발 전문가며, 평화운동가인 켄 키즈가 이끄는 세미나였다.

1주일 동안 우리는 〈확실한 믿음을 키우는 방법〉이라 불리는 과정을 연습했다. 자신에게 간단한 질문을 계속해서 던지고 대답하는 것이다. 다음 장에서 자세히 다룰 내용이니 지금은 대강의 소개만 하도록 하겠다.

확신을 가져라

30대 중반에 나는 회사를 운영하기 시작했고 몇 권의 책을 썼으며, 음악도 몇 곡 녹음했다. 하지만 재정적으로나 심적으로는 여전히 고전을 면치 못하고 있었다.

특히 그 무렵 재정 상황은 최악이었다. 우리 물건을 팔던 유통 회사가 문을 닫아서 6개월간의 판매 대금을 몽땅 떼이고 말았다. 갚아야 할 카드 대금이 수천만 원에 달했고 매달 최저 상환액을 내기도 빠듯했다.

다행히 회사는 빚을 지지 않고 있었다. 거의 기적과 같은 일이었다. 우리를 통해 직접 물건을 사는 고객들 덕분이었다. 나도 마찬가지였다. 은행이 나에게 계속 신용카드를 만들어 주었다. 새로 만든 신용카드를 받자마자 나는 은행으로 달려가 현금을 융통했다. 그리고 남아 있는 카드 대금의 최저 상환액을 납입했다. 마지막으로 그렇게 했던 날이 아직도 기억에 생생하다.

그날 나는 은행에 가기 위해 도로를 달리고 있었다. 극히 초조하고 불안한 상태였는데 문득 〈확실한 믿음을 키우는 방법〉이 떠올랐다. 그리고 나 자신에게 말했다.

'지금이 이 방법을 사용하기에 가장 좋은 때야. 뭔가에 대해 화가 난 상태니까.'

그래서 나는 달리는 차 안에 혼자 앉아 여러 개의 간단한 질문들을 큰 소리로 묻고 대답했다. 그때는 아직 휴대

전화가 대중화되기 전이라 차 안에서 혼자 중얼거리는 나를 어떤 사람들은 차창을 통해 빤히 쳐다봤다. 제정신이 아니라고 생각하는 모양이었다.

나는 물었다.

'뭐가 문제지?'

즉시 아주 강력한 대답이 이어졌다.

'문제는 내가 파산 직전이라는 거야. 감당할 수 없을 정도야. 언젠가는 밑바닥으로 떨어지고 말 거라고.'

'지금 마음이 어떤데?'

'좌절, 분노, 두려움, 죄의식, 우울.'

'몸은 어떻고?'

'뒷목이 뻣뻣해. 어깨도 그렇고. 완전히 긴장한 상태라고! 속도 거북해. 불안해 죽을 지경이야.'

그 상태가 조금 더 계속된다면 위궤양에 걸릴 것만 같았다.

'무슨 생각해?'

'난 돈 버는 데는 영 소질이 없어! 돈이 뭔지 잘 알지도 못하겠고, 모으는 것은 더구나 생각조차 할 수 없어. 어리석은 자는 수중에 있는 돈을 금방 다 잃어버린다잖아. 내 인생 자체가 그래. 완전히 통제가 불가능한 상태라고. 어떻게 해야 좋을지 모르겠어.'

'이 상태에서 일어날 수 있는 가장 나쁜 일이 뭘까?'

'내가 파산하는 거야. 내 회사가 형편없이 무너져 버릴 수도 있고.'

'일어날 수 있는 일 중에 그보다 훨씬 더 나쁜 것은?'

'내가 죽을 수도 있지. 천천히, 아주 고통스럽게. 술에 찌든 부랑자가 된 채. 그런데 아무도 상관하지 않고 그게 나라는 것도 눈치 채지 못하는 거야.'

'일어날 수 있는 일 중에 제일 좋은 건 무엇일까? 어떤 일이 일어났으면 좋겠어? 가장 이상적인 상황이 뭘까?'

무슨 까닭인지 이 질문이 훨씬 더 어렵게 느껴졌다. 나는 잠시 생각에 잠겼다. 그리고 천천히 입을 열었다.

'나한테는 지금 이 상황에서 벗어날 수 있는 예산편성 능력이 없어. 다른 사람은 할 수 있지만 난 아니라고. 제일 좋은 건 우리 회사 매출이 폭발적으로 증가하는 거야. 그리고 제때 대금을 지불해 주는 중간 도매업자를 만나는 거지. 그러면 우리는 고정적인 수익을 내게 되고 모든 신용카드 대금을 내기에 충분한 현금을 손에 쥘 거야. 게다가 저축도 넉넉하게 할 수 있어. 하루하루 먹고살기 위해서 아등바등 일하지 않아도 될 정도로 말이야.'

'어떤 두려움이나 부정적인 믿음이 네가 원하는 것을 이루지 못하게 방해하지?'

'난 돈 버는 재주가 없어. 구제불능이야. 어떻게 해야 하는지 전혀 모르겠어. 성공하기가 너무 힘들어.'

'어떤 확신이 있다면 그와 같은 부정적이고 극단적인

생각을 없앨 수 있을까?'

나는 내가 가졌으면 하는 것들을 확신이 담긴 어투로
바꾸어 생각해 보았다.

'내게는 분별력과 재정을 관리할 능력이 있어. 나는 재
정적으로 완전한 성공을 거뒀어. 여유롭고 편안한 방식으
로, 건강하고 긍정적인 자세로.'

확신을 담은 그 말들이 아주 기분 좋게 느껴졌다. 그래
서 차를 길가에 세우고 그것들을 종이에 옮겨 적었다. 한
마디도 잊지 않기 위해서였다. 나중에 나는 확신에 찬 말
을 몇 장의 종이에 되풀이해서 썼다. 그리고 옷 주머니에
넣고 사무실 책상과 침실, 옷장과 화장실, 거울에 붙여 두
었다. 또한 그 종이와 마주할 때마다 반복해서 읽었다. 예
전에 느꼈던 두려움과 분노가 다시 고개를 들기 시작할 때

면 더욱 꼼꼼하게 읊었다.

몇 달 만에 나의 재정 상황은 많이 나아졌다. 우리는 훌륭한 중간 도매업자를 찾아냈고 회사 매출도 향상되었다. 또한 새로 온 경리 사원 덕분에 나는 전보다 훨씬 더 뛰어난 분별력과 재정관리 능력을 갖추게 되었다.

마침내 나는 돈을 관리하는 것이 간단하다는 사실을 이해하기 시작했다. 너무나도 단순해서 나와 같은 사람도 얼마든지 해낼 수 있을 정도였다.

바로 쓰는 것보다 더 벌기. 참고로 말하자면 당시 나에게는 이것이 너무나도 낯선 개념이었다. 그리고 이와 같은 상태를 계속 유지하면서 부를 축적해 나가기. 자신의 소비 유형을 살펴보면서 지출을 수입보다 줄일 수 있는 방법 모색하기. 이는 로켓 만들기나 뇌수술처럼 어려운 일이 아니다. 누구나 이해할 수 있는 것이다. 심지어 나조차도 해낸 일이다.

돈에 관한 모든 일에 전혀 소질이 없는 나였다. 그러나 그 사실을 이해했기에 돈이란 더 이상 내게 넘지 못할 대상이 아니다. 돈에 관한 한 나는 이제 마술사다. 저축과 다른 자산들이 내가 필요로 하는 것 이상의 수익을 내고 있어 손가락 하나 까딱할 필요가 없으니까. 이것은 분명 마술이다. 지극히 실질적이고 실용적인 마술이다.

역경은
행복을 담은 씨앗이다

내가 서른 중반이던 그 무렵, 또 한 가지 일이 일어났다. 덕분에 내 인생이 악몽에서 성공으로 더 빨리 탈바꿈할 수 있었다. 라디오에서 흘러나오는 한 문장이 나의 귀를 사로잡았다. 나폴레옹 힐이 쓴 《생각하라, 그리고 부자가 되라》의 한 구절을 누군가 인용한 것이었다.

모든 역경은
적어도 그만큼의 성공 가능성을 품고 있는 씨앗이다.

나는 이 문장을 큰 글씨로 적어서 책상 위에 놓인 전화기 바로 옆에 두었다. 거의 매일 나의 시선이 닿는 곳이었다. 나중에 나는 그 말에 한마디를 덧붙였다.

모든 어려움 속에는 기회가 숨어 있다.

그리고 몇 년 뒤에 세 번째 문장을 이어 썼다. 힌두 문헌의 서사시 중 일부인 《바가바드기타》에 나오는 구절이다.

인생의 고난 속에서조차

우리는 위대한 선물을 발견할 수 있다.

수년 동안 그 문장이 나의 뇌리에서 떠나지 않았다. 불시에 생겨나는 복잡한 문제나 장애물에 부딪칠 때마다 나는 스스로에게 물었다.

'이 상황 속에서 어떤 이점을 찾을 수 있을까? 어떤 기회를? 어떤 선물을?'

그리고 나는 정말 놀랍고도 멋진 해답을 발견했다. 이 말은 결코 과장이 아니다. 스스로에게 그런 질문을 던지면 당신 또한 답을 얻게 될 것이다. 그것도 당신에게 완벽하게 들어맞는 정답을 말이다.

그 답은 당신 안에서 비롯되었으며, 당신 안에 뿌리 깊이 자리 잡은 강력한 창조성과 단단히 연결되었기에 가능한 일이다.

파산 직전의 상황에서 어떤 성공 가능성을 찾을 수 있을까? 또한 어떤 기회와 선물을 발견할 수 있을까?

스스로에게 그것을 묻자마자 나는 깨달았다. 당시 나는 최악의 상황에 처해 있었다. 그리고 그것은 내가 경영하는 회사의 성공이나 실패에 대한 책임을 온전히 받아들이지 못한 데서 비롯되었다. 나는 좀 더 경험이 풍부하고 지식이 많은 사람을 계속 찾아다녔다.

나를 구해 주고 내가 어떻게 처신해야 좋을지
가르쳐 줄 사람이 절실히 필요했다.
하지만 그런 사람은 나에게 오지 않았다.
그래서 나는 스스로 그런 사람이 되어야 했다.
바로 내가,
나와 함께 회사에서 일해야 할 사람이었던 것이다.

수많은 결점과 짧은 경험, 끝없는 의심과 두려움에도 불구하고, 나는 회사를 스스로 이끌어 나가기로 결심했다. 그러자 얼마 지나지 않아 나의 꿈을 새로운 방식으로 인식하게 되었다. 또한 쓰러져 가는 회사를 일으키는 막중한 책임을 짊어지기로 결심하자마자 나의 내면에 깃든 강인함과 지혜를 발견할 수 있었다.

그 전에는 내 안에 이런 것들이 자리 잡고 있다는 사실을 전혀 알지 못했다. 그뿐만이 아니었다. 다른 사람들 또한 나에게 다가왔다. 그리고 수많은 도움의 손길을 기꺼이 내밀어 주었다. 그들이 다가온 것은 내가 직접 성공과 가능성, 선물을 보여 주었기 때문이다. 성공적인 회사를 만들기 위해 열심히 일한다면 우리 모두에게 주어질 바로 그것들을 말이다.

파산 직전의 상황에서 내가 얻은 크나큰 이익과 선물은

바로 함께한 팀이었다. 그들과 성공적인 협력 관계를 일궈나간 것이었다. 우리는 모든 사람들과 서로에게 득이 되는 이른바 '윈윈 관계'를 맺기 시작했다. 그러자 얼마 지나지 않아 내가 다음과 같이 물으며 과감히 꿈꾸었던 바로 그 상태에 이를 수 있었다.

'일어날 수 있는 일 중에 제일 좋은 건 무엇일까?'

내가 꿈꾸는 가장 이상적인 상황이 처음에는 너무도 비현실적으로 느껴졌다. 게다가 수많은 의심과 두려움을 떨쳐낼 수 없었다. 그러나 나는 모든 불신과 두려움, 나약함과 결점에도 불구하고 꿈꿔 온 삶을 일궈냈다. 나는 걸어야 할 길을 확실하게 정했다. 그리고 이를 하나의 실험이라고 여겼다.

나는 완전한 재정적 성공을 향해 나아가고 있다고 확신

했다. 여유롭고 편안한 방식으로, 건강하고 긍정적인 자세로. 그리고 어떤 상황에 직면할 때마다 그곳에 새로운 기회와 이로움, 선물이 숨어 있는지 스스로에게 묻기 시작했다.

서서히, 수년에 걸쳐 내 안의 의심과 두려움이 조금씩 줄어들었다. 굳은 믿음을 가지고 새로운 길에 자꾸만 발자국을 더해 갈수록 내 두뇌의 신경세포들은 익숙하고 편안한 옛길에 대한 기억을 조금씩 잊어 갔다.

천천히, 나의 오래된 믿음에 변화의 싹이 텄다. 그리고 나의 꿈들이 차례로 실현되기 시작했다. 여유롭고 편안한 방식으로, 건강하고 긍정적인 자세로.

자신을 긍정하라

살아가면서 우리는 모두 위대한 비밀을 언뜻 목격했다. 그리고 그 비밀에 대해 여러 번 들었다.

비밀을 마주하는 순간, 이것은 우리의 삶을 송두리째 바꿔 놓는다. 사랑에 빠질 때 우리는 이를 발견한다. 자녀들의 눈을 응시할 때, 어떤 사람이나 어떤 것에 대해 기쁨과 감사를 느낄 때, 우리는 이를 깨닫는다.

하지만 우리는 다시 잊고 만다. 그리고 세월과 함께 습관이 되어 버린 두려움과 좌절의 수렁 속으로 다시 빠져든다.

우리가 해야 할 일은 무엇보다 위대한 비밀을 다시 기억해내는 것이다. 다시, 다시, 그리고 또다시. 지금까지 수많은 방법과 다양한 언어로 표현된 바로 그것을 말이다. 나 또한 나만의 방식으로 이를 표현해 보고자 한다.

우리에게는 인생의 위대한 목표가 있다. 그것은 할 일

이고, 사명이며, 소명이다. 우리가 지금 여기 존재하는 까닭은 성장하고, 발전하고 저마다의 능력을 아낌없이 발휘해 세상을 좀 더 나은 곳으로 만드는 데 힘을 보태기 위해서다.

대부분의 사람들이 간직해 온 비밀이 있다.

우리는 스스로 생각하는 것보다 훨씬 더 위대하다.

우리의 가능성은 무궁무진하다. 대부분의 사람들은 자신이 누구인지, 어떤 능력을 가지고 있는지 이제 막 깨닫기 시작했을 뿐이다. 우리가 자신의 가능성이라 믿고 있는 것은 사실 빙산의 일각이다.

그렇다면 이제 우리의 임무는 이 세상에 기여할 수 있는 자신만의 고유한 능력을 발견하고 온 세상이 이를 알아보도록 갈고닦는 것이다. 그렇게 할 때 다른 사람이 자신만의 가능성을 발견하는 것도 도울 수 있게 된다. 또한 점

점 더 빛을 발하는 우리의 능력이 우리의 삶과 이 세상을 변화시킬 수 있는 강력한 힘으로 성장하게 된다.

우리는 마음속 깊은 곳에 자리 잡은 비밀을 안다.
우리는 항상 그 비밀을 알고 있었다.

주위를
둘러보라

서로를 사랑하라. 또한 세상 만물을 사랑하라.

이것이 바로 힘들고 어렵고 절망에 빠져 있을 때 취해야 할 그 무엇보다 위대한 비밀이다.

사랑은 모든 두려움을 극복하며 우리의 삶과 이 세상을 변화시킨다.

이것은 새벽녘에 올리는 나의 기도였다. 수년간 날마다

해 온 기도를 통해 나는 마침내 비밀을 깨달았다. 아이도 이해할 수 있는 쉬운 단어로 표현된 이 기도를 통해서.

이제 이 단어들은 거의 매일 나에게 아주 고요하게 다가온다. 나는 단어들에게 길잡이를 청하고 단어들의 목소리에 귀 기울인다. 이것은 대개 변화가 없다. 그리고 나에게 그 무엇보다 위대한 비밀을 일러 준다.

'사랑하고, 섬기고, 기억하라.'

'뭘 기억하라는 거야?'
내가 묻는다.

'사랑하고, 섬겨야 함을 기억하라.'

섬기라는 단어를 들을 때면 종종 노벨상을 수상한 인도 작가, 라빈드라나드 타고르의 위대한 시가 떠오른다.

나는 잠들면서 인생이 기쁨으로 넘치기를 꿈꾸었다.
나는 깨어나면서 인생이란 섬기는 것임을 깨달았다.
나는 행동했고 보았다! 섬김이 바로 기쁨이었다.

가끔씩 나는 마음으로 이 시를 듣는다. 때로는 다른 구절들이 들리기도 한다.

사랑이 두려움을 극복한다는 것을 기억하라.
사랑은 천국으로 가는 문을 열어 준다.

우리는 사랑과 두려움 중 하나를 선택할 수 있다. 사랑은 두려움을 초월하며 우리를 훨씬 더 큰 가능성, 보다 높은 차원의 깨달음, 그리고 힘의 세계로 안내한다.

네가 누군지 기억하라.
신의 자녀다.

신비로운 창조물의 본질이다.

아인슈타인이 말했다.

우리는 세상 어디에도 기적은 없다고 볼 수도 있고,
세상 모든 것이 기적이라고 생각할 수도 있다.
나는 후자를 선택했다.

협력이 열쇠다
사랑은 우리가 행하는 모든 일에서 완벽한 협력을 이끌
어낸다는 사실을 기억하라.

세상 속에서 큰 성공을 거머쥐기 위해서뿐만 아니라 풍
요로운 인생을 살기 위해 반드시 필요한 열쇠다.
이것이 바로 그 무엇보다 위대한 비밀이다.
자신과 다른 이를 사랑하고 섬기는 것이 충족과 행복,

평화의 열쇠다.

물론 수도 없이 들어 본 얘기일 것이다. 그리스도는 이
를 간단명료하게 전했다.

내가 너희에게 새 계명을 준다.
너희를 사랑한 것처럼 너희도 서로 사랑하라.

그리스도가 주신 새로운 계명을 따르기 위해서는 무엇
보다 모든 창조물과 인생에 대한 인내와 연민이 필요하다.
그리고 이것들은 기본적으로 사랑에 바탕을 두고 있어야
한다. 그리스도의 계명을 따를 때, 우리는 내면의 평화를
발견하게 된다. 그리고 우리의 삶과 세상 속에서 평화를
만들어가는 방법에 눈뜨게 된다.

부처님은 그 무엇보다 위대한 비밀을 깨닫고 그에 따라
살았으며, 가르침을 전하는 50여 년 세월 동안 비밀에 대

해 수천 번 말했다.

그 비밀을 깨닫는 순간, 당신의 내면은 사랑과 연민으로 가득할 것이다.

어쩌면 당신은 다른 구절을 찾게 될지도 모른다. 그렇기 때문에 당신은 한 가지 질문을 던져야 한다.

'나만의 언어로 표현된 위대한 비밀은 무엇인가?'

이러한 질문을 던져 보는 것은 아주 바람직하다. 이것이 당신으로 하여금 가장 큰 꿈을 완성하고 가장 멋진 삶을 살 수 있도록 이끌어 주기 때문이다.

일단 자신에게 이 질문을 던지면 당신은 모든 곳에서 답을 구하기 시작한다. 온 우주가 그 무엇보다 위대한 비밀을 축복하게 되는 것이다. 삶의 비밀을 말이다. 물론 그것은 사랑이다. 사랑은 모든 창조물의 추진력이다.

답은 모든 곳에 있다. 창밖에 핀 풀 한 포기, 햇볕 아래서 조는 고양이, 푸른 나무, 깊은 바다, 길가의 신호등, 어디선가 보고 들은 구절에서도 답을 찾을 수 있다.

아래의 글은 존 버뎃의 미스터리 소설, 《방콕에 자주 가다》의 내용 중 일부다.

최후의 가면을 벗어던질 때 당신은 비로소 깨닫게 될 것이다.

인간 의식의 바탕에 자리 잡은 것은 오직 사랑뿐임을.

우리를 미치게 만드는 것은 이에 대한 끝없는 배신임을.

옳다!

모든 가치 있는 철학과 모든 위대한 종교와 모든 훌륭한 예술 작품 속에는 사랑이 담겨 있다.

레프 톨스토이는 이렇게 썼다.

작가의 임무는 독자들의 목덜미를 단단히 부여잡고,

그들이 삶을 사랑하도록 밀어붙이는 것이다.

삶과 사랑은 같은 뜻을 가졌다.

삶, 사랑, 하느님, 알라, 여호와, 조물주, 예수님, 부처
님, 자연, 영혼, 도道, 존재.

이 모두는 서로 바꿔 쓸 수 있는 단어다.

모든 위대한 철학과 종교, 예술 속에는 그 무엇보다도
위대한 비밀이 담겨 있다.

우리는

사랑 속에서, 사랑에 의해서, 사랑을 위해서

창조되었다.

우리는 일생 동안 사랑이라는

끝없는 바다를 항해한다.

지난 세기에 인도의 지도자 라마나 마하르시는 이를 지

극히 간결하고도 감미롭게, 또한 그 어떤 문장보다도 아름답게 표현했다.

모든 지혜의 끝에는
사랑, 사랑, 사랑이 있다.

행복의
비밀도 항상 곁에 있다

비밀이란 없다. 다만 우리가 이해하기 전에는 좀처럼 모습을 드러내지 않는 진실과 강력한 창조의 법칙이 존재할 뿐이다. 이러한 진실과 창조 법칙에는 새로운 것이 하나도 없다. 모두가 수세기에 걸쳐 우리에게 전해져 왔기 때문이다. 최소한 5천 년 전에 쓰인 세상에서 가장 오래된 책들 가운데 하나라는 《바가바드기타》에 이런 구절이 나온다.

나는 비밀스런 언어를 사용한다. 이것은 감추기 위함이
아니라 오늘 이것을 들을 준비가 된 이가 지극히 드물기
때문이다.

이러한 법칙들을 비밀로 간직하는 사람은 없다. 교사
들, 작가들, 영적 지도자들, 그리고 성공한 사람들은 지난
수천 년 동안 이에 관한 글을 썼고 얘기했다. 그들은 가능
한 최고의 방법으로 사람들에게 그 비밀들을 보여 주려 애
써 왔다. 그리고 나 또한 가장 분명한 단어를 사용해 당신
에게 비밀을 전하고 있다. 하지만 대부분의 사람들은 이를
이해할 수 없었다.

이 비밀은 난해하지 않다. 사실 지극히 단순하다. 이것
이 바로 극소수의 사람들만 이해하게 되는 까닭 중 하나일
것이다. 행복해지는 방법은 너무나도 단순하고 명백하게
보인다. 하지만 우리는 이것이 훨씬 더 복잡해야 하며, 보
다 창조적이어야 한다고 여긴다. 적어도 전에 수도 없이

들어 본 익숙한 것은 아니라고 확신한다.

　우리의 생각이 속삭인다.

　'그렇게 단순할 리가 없어. 저건 아이들도 이해할 수 있는걸. 훨씬 더 복잡해야 해. 저렇게 단순하다면 그걸 깨달은 사람이 훨씬 더 많아야 하잖아? 뭔가 더 있어야 한다고.'

　처음 들을 땐 너무 낯설어 당황하거나 알 수 없는 수수께끼처럼 느껴질지도 모른다. 아무런 의미도 찾을 수 없는, 삶과는 동떨어진 허무맹랑한 생각처럼 보일지도 모른다. 그래서 수없이 반복해서 들어 왔음에도 불구하고 여전히 받아들이지 않고, 쉽게 잊는 것이다. 이는 우리 삶에 어떠한 영향도 미치지 못했다. 적어도 지금까지는 그랬다.

　이 단순한 법칙은 수많은 사람들에게 영향을 끼쳤다. 당신에게도 영향을 미칠 수 있다. 열쇠는 이미 당신이 가지고 있다.

당신만의 언어로 표현하고,
당신만의 방식으로 적용하는 것.
바로 이것이 열쇠다.

자신의 언어로 표현하라

어떻게 하면 위기에서 벗어날 수 있는, 성공과 행복의 비밀을 발견할 수 있을까? 어떻게 하면 당신만의 언어로 이 비밀을 표현할 수 있을까? 당신만의 언어로 표현할 수 있다면 그 비밀을 이해할 수 있다. 그리고 그것을 훌륭하게 사용할 수 있다.

이 법칙을 당신만의 언어로 표현한다면 우리는 진정으로 비밀을 이해할 수 있다. 그리하여 이것이 우리의 삶에 영향을 끼칠 힘을 갖게 된다.

내가 이해한 비밀을 나만의 언어로 표현하여 알려 주는 것. 이것이 내가 당신에게 해 줄 수 있는 전부다. 당신이 이 것을 온전히 이해한다면 그보다 좋은 일은 없을 것이다. 하지만 대부분의 경우엔 나의 언어를 받아들여 자신만의 편안한 언어로 바꾸고, 보태고, 빼는 과정을 거쳐야 한다. 당신만의 비밀을 만들 수 있을 때까지.

이제 나에게 가장 효과적인 언어로 표현한 나만의 법칙 을 소개하겠다. 내가 할 수 있는 한 최대한 간단명료하게 쓴 것이다.

우리는 매우 창조적인 존재다.

우리가 꿈이나 목적에 정신을 집중할 때 무한한 잠재의 식이 깨어나 꿈을 향해 한 걸음씩 나아갈 수 있는 방법을 보여 준다.

행복이란, 물리학과 같은 하나의 법칙이다. 사실 행복

의 법칙에는 물리와 화학의 법칙이 녹아들어 있다. 뿐만 아니라 멋진 이 행성과 신비로운 우리 육체를 창조해낸 모든 자연 법칙의 본질적인 부분을 이룬다. 우리가 말로는 다 설명하기 힘든 이러한 것들을 이해하고, 이를 이용해 놀랍도록 창조적으로 변화할 수 있다는 사실 자체가 기적과 다름없다.

행복의 법칙은 놀라운 창조의 법칙이다. 무에서 유를 만드는 이 법칙이 정확히 어떤 방식으로 작용하는지는 앞으로도 오랫동안 크나큰 미스터리로 남을 것이다. 하지만 당신과 나처럼 거의, 혹은 전혀 교육을 받지 못한 보통 사람들도 이를 쉽게 일상에 적용시킬 수 있다.

이를 표현하는 또 다른 방식을 소개한다. 거듭 강조하건데 이는 나에게 가장 효과적인 방식으로 표현한 것이다. 그러니 당신에게 가장 적합한 단어를 발견하거든 주저하지 말고 바꿔 넣어라.

**위대한 성공이란, 명확하게 정의된 목표를 향한
작은 걸음이 무수히 모여 만들어진 결과다.
그것이 바로 고난과 위기를 극복할 수 있는 비밀이다.**

다시 반복하겠다. 그렇게 간단한 일이 아니라고 생각하는 사람이 아직도 있을지 모른다. 모두 다 전에 들어 본 얘기고 새로운 내용이 없다며 고개를 갸웃거릴 수도 있다.

사실이다. 이 안에 새로운 것은 하나도 없다. 전에 어디선가 들어 본 얘기일 수도 있다. 그리고 지극히 단순하다. 나에게는 이것이 단순해야만 했다. 아이도 이해할 만큼 쉬운 언어로 표현해야 비로소 이 모든 것들을 받아들일 수 있었기 때문이다.

나는 이것이 하나의 과정이라고 확신한다. 우리가 이 비밀을 이해하고 단순한 언어로 표현할 수만 있다면 무한한 힘을 지닌 잠재의식이 이를 받아들이고 적용하기 시작하는 것이다. 무엇보다 중요한 것은 이 모든 것들이 오직 신비로운 창조의 방식으로 연결되어 있다는 사실이다. 우리가 꿈꾸는 인생을 살기 위해 필요한 걸음을 어떻게 내딛어야 하는지 자신에게 보여 주는 것은 큰 힘이 된다.

이 비밀은 여러 가지 방식으로 전해져 왔다. 또 하나를 소개한다.

얻고자 하는 것을 또렷하게 그려낼 힘이 우리 안에 있다. 꿈과 목적에 대한 강력한 생각에 집중하면 할수록 이러한 꿈들을 더욱 확실히 깨닫게 된다. 우리가 내딛어야 할 걸음이 명확해지고 가야할 길이 분명해지기 때문이다.

이처럼 단순하고도 심오한 법칙을 어떻게 당신만의 언어로 표현할 수 있을까? 그렇게 할 수 있다면 당신은 그 비밀을 이해한 것이다.

이해한 후에 이제 무엇을 하겠는가? 당신은 자신을 위해 어떤 인생을 창조하고 싶은가? 선택은 당신의 몫이다. 무한한 가능성이 당신 앞에 펼쳐져 있다.

PART 2

행복하기 위해 꿈꿔라

위기를 극복하는 방법을 발견하고

이를 당신만의 방식으로 적용하라

상상력을 제대로 사용할 때,

그것은 우리의 가장 훌륭한 친구가 된다.

이는 터무니없지만 우리를 어디든 데려다 주는 유일한 빛이다.

스와미 비메카난다 비밀의 언어

행복해지는
4가지 방법

○

지난 30년 동안 나는 우리의 꿈을 실현하는 데 도움을 줄 수 있는 아주 간단한 방법을 계발해 왔다. 앞으로 소개하겠지만 여기저기 다양한 곳에서 모은 정보들이다. 이를 받아들이고 변화시켜 당신이 원하는 방식대로 바꾸길 바란다.

이 방법은 4단계로 구성되며 각각의 단계는 '꿈, 상상,

믿음, 창조'라는 4개의 핵심 단어로 요약될 수 있다. 이것은 파산 직전에 몰려서 좌절과 실의에 빠져 있던 나를 경제적 성공은 물론 진정한 행복에 도달하게 한 위대한 법칙이다.

꿈을
가져라

모든 것은 꿈과 함께 시작된다. 처음에는 마음속에 일어나는 덧없는 생각에 지나지 않는, 바로 그 꿈 말이다. 모든 것은 그저 꿈꾸도록, 감히 꿈꾸도록 허락하는 것에서부터 출발한다.

헨리 데이비드 소로는 이에 대해 아름답고도 분명하게 말했다. 벌써 거의 2세기 전의 일이다.

당신은 허공에다 멋진 성을 지어야 한다. 반드시 그곳이어야 한다. 그러고 나서 그 밑에 토대를 마련하라.

그의 말 안에 내가 얘기하려는 모든 과정이 요약되어
있다. 먼저 꿈꿔라. 그리고 나서 그 꿈을 향해 나아갈 방법
을 찾아라. 그리고 그 길을 따라 한 걸음씩 옮기면서 탄탄
한 토대를 만들어라.

과감하게 꿈꾼 뒤 어떤 일이 일어나겠는가?
의심과 두려움에 짓눌리고, 현실적이거나 비관적인 생
각들이 꼬리를 물면서, 꿈들이 순식간에 움츠러들고 만다.
그러니 먼저 이러한 의심과 두려움으로부터 자유로워지는
방법을 배워 두어야 한다. 최소한 한순간만이라도.
뿐만 아니라 현실적인 생각으로부터 자유로워지는 방
법도 배워야 한다. 그리하여 우리 안의 꿈과 환상이 마음
껏 상상의 날개를 펼 수 있도록 해야 한다.

이쯤에서 나에게 아주 효과적이었던 간단한 방법 하나
를 소개한다.

종이 한 장을 꺼내 맨 위에 가장 이상적인 장면을 써라. 의심과 두려움과 현실적인 생각들은 잠시 옆으로 밀어 두고, 5년 뒤 어느 날을 상상하라. 상상 속의 당신은 이 책과 인생의 다른 여러 가지 일들을 통해 영감을 얻어 꿈꾸는 삶을 창조해 나가고 있다.

당신의 상상이 강물처럼 자유롭게 흘러가도록 내버려 둬라. 어떤 제한도 두지 마라. 당신의 영혼이 훨훨 날아다니도록 허락하라. 우선은 가장 이상적인 상태 그대로 내버려 둬라. 얼마 지나지 않아 현실에도 잘 대처할 수 있을 테니 걱정하지 마라.

《성공하는 사람들의 7가지 습관》이라는 책에서 스티븐 코비가 말했다.

마지막을 염두에 두고 시작하라.

이것을 가치 있는 실험으로 여겨라. 몇 분이면 충분히

할 수 있는 일이다. 하지만 그 안에는 엄청난 힘이 깃들어 있다. 당신의 인생과 당신이 살아가는 세상을 변화시킬 힘이 그 안에 담긴 것이다.

텅 빈 종이 한 장을 꺼내 맨 위에 이상적인 장면을 써라. 5년 뒤에 당신이 상상할 수 있는 모든 것들이 사라져 버렸다고 생각해 보라. 당신의 인생이 어떻게 보이는가?

당신의 이상은 무엇인가? 당신이 그리는 이상적인 인생이란 어떤 것인가? 당신의 직업은 무엇인가? 당신은 무엇을 소유하고 있는가? 당신은 어떤 것들을 성취해 왔는가? 당신은 어떤 사람인가? 당신은 어디 사는가? 당신의 반복되는 하루는 어떤 모습인가? 당신이 그리는 이상적인 장면에는 안락한 인생이 포함되어 있는가?

만일 이러한 생각을 마음속에 품고 있다면 나는 확신한다. 당신이 놀랄 만큼 성공적인 인생과 경력을 창조해 나가면서도 안락한 삶을 일궈 나갈 수 있으리라는 것을. 당신은 언제든 가족과 친구, 당신 자신을 위해 충분한 시간을 할애할 수 있을 것이다.

꿈을 꾸고 이상을 품었다면 이를 마음속에 간직하라. 꿈이란 처음에는 너무나도 비현실적으로 보이게 마련이다. 그럼에도 불구하고 우리의 삶과 경력은 바로 그 꿈 위에 세워진다. 우리의 세상은 꿈 위에 만들어진다.

상상
하라

허공에 성을 짓는 꿈을 꾸었다면 이제 어떻게 지을지 생각해야 한다. 출발은 역시 단단한 땅 위에 튼튼한 토대를 마련하는 일이 될 것이다.

나의 경우 이 과정이 명확해진 때는 내가 그리는 이상

적인 장면을 읽은 직후였다. 그 안에 여러 가지 목표가 담겨 있었던 까닭에 나는 이것들을 분명한 목록으로 만들어야 했다. 이것이 바로 다음 단계였다. 이 또한 조금도 어려울 것 없는 일이다.

또 다른 종이 한 장을 꺼내서 맨 위에 목표들을 적어라. 그리고 앞으로 몇 년 동안 이룰 목표들을 생각해낼 수 있는 만큼 목록으로 만들어라.

목표들이 담긴 간단한 목록.

이것이 전부다.

당신이 해야 할 일은 아마도 이것이 전부일 것이다. 당신의 꿈, 당신이 그리는 가장 이상적인 장면을 목록 안에 담는 것. 목표들을 목록으로 만들고 그것들을 향해 나아가는 것.

처음 목록을 만들고 잠시 그것을 가만히 들여다봤을 때, 내가 다음에 행해야 할 단계가 이러한 목표들을 확신에 찬 문장으로 다시 쓰는 것임을 깨달았다. 그 순간 이미 이루어진 것처럼 글을 써라.

당신의 목표를
잠재의식이 믿을 수 있는 방식으로 써라.
그것을 믿는 순간부터 당신은 지금보다
훨씬 더 나은 사람이 된다.
당신은 좀처럼 잠재의식에게 지금 어딘가에
도달했다거나 무엇을 얻었다고 말하지 않는다.
잠재의식이 믿지 않을 것을 알기 때문이다.

내가 지금 백만장자라는 사실을 잠재의식이 받아들이기 힘들지도 모른다. 매달 월세를 내기 위해 전전긍긍하는 중이라면 더욱 그러할 것이다. 당신이 확신하는 바를 잠재의식이 받아들일 수 있는 방식으로 표현하라. 인생에서 당신이 원하는 바가 되어 가거나 창조해 나가는 과정이라고 쉽게 설명하라.

'나는 지금 성공적인 사람이 되어 가고, 내가 사랑하는 일을 하고 있어. 나는 지금 완전한 경제적 성공을 일궈 나가고 있어.'

이처럼 당신의 잠재의식이 받아들일 수 있는 방식으로 표현하라. 강렬한 확신을 줘라.

우리는 캐서린 폰더의 말에서 놀라운 비밀을 발견할 수 있다.
다음과 같은 말로 당신의 문장을 시작하거나 끝맺어라.

여유롭고 편안한 방식으로, 건강하고 긍정적인 자세로.

여유, 편안, 건강, 긍정.

이 4개의 단어를 거듭해 되풀이하는 것만으로도 새로운 영역으로 발을 들여놓을 때 느끼는 두려움과 의심의 상당 부분을 극복할 수 있다.

'여유가 없는 걸.'

우리의 두려움이 속삭인다.

'편안하지 않아. 온통 스트레스뿐이라고!'

하지만 두려움을 향해 이렇게 말할 수 있는 순간도 분명 있을 것이다.

'아니야, 여유롭고 편안한 방식으로, 건강하고 긍정적인 자세로. 수천 번도 넘게 확신해 온 일인걸. 경험으로 미

루어 보건데, 이건 분명한 사실이라고.'

확신은 강렬하다. 우리가 얘기하고 생각하는 모든 말 안에는 창조적인 힘이 깃들어 있다. 생각은 행동을 낳는 법이다. 그리고 구름 위의 성과 단단한 땅 위의 토대 사이에 튼튼한 다리를 놓아 주는 것이 바로 그 행동이다.

확신을 위한 또 하나의 강력한 글이 있다.

스스로 가장 적합한 때, 최고 선을 위해.

아무리 우리 마음속의 목표가 분명하고 구체적이라 할지라도 지켜야 할 사항이 있다. 올해의 연간 수입 목표를 잡는다고 상상해 보자. 그러면 우리는 언제 어떻게 자금을 운영해야 하는지, 어떤 가치를 우선순위에 두어야 하는지를 끊임없이 상기해야 한다.

나는 우리 회사가 올해 50퍼센트의 이윤을 더 창출해 낼 것을 확신한다. 여유롭고 편안한 방식으로, 건강하고 긍정적인 자세로, 스스로 가장 적합할 때, 최고 선을 위해.

나의 잠재의식은 올해의 구체적인 수입을 정하고 끝에 '스스로 가장 적합한 때'라는 말을 더한 것을 그다지 불편하게 느끼지 않는 듯하다. 사실 나는 언뜻 보기에는 모순적으로 느껴지는 이러한 말들을 덧붙이는 편이 오히려 좋다.

'스스로 가장 적합한 때'라는 말은 저마다 꼭 알맞은 때 뿌리를 내리고, 잎을 틔우고, 가지를 뻗고, 열매를 맺는 자연의 법칙이 우리에게도 적용되는 느낌을 주기 때문이다.

나는 확신한다. 우리 회사 또한 이 세상의 모든 것들과 같이 스스로 가장 적합한 때 성장할 것이라고.

이쯤에서 일명 포괄적 대비책에 접근하는 것이 좋겠다. 이것, 혹은 보다 나은 것이 지금 나타나고 있다. 가장 만족스럽고 조화로운 방식으로, 또한 최고 선을 위해.

이것, 혹은 보다 나은 것이 지금 나타나고 있다.

이 말을 계속 되뇌라. 그러면 정말 그렇게 될 것이다.

확신으로 가득찬 문장의 목록을 늘 지니고 다녀라. 언제나 눈앞에 둬라. 그리고 잠재의식 속에 새겨지도록 반복하고 또 반복하라.

그리고 나서 그저 편안하게 쉬면서 기적이 펼쳐지는 광경을 지켜보라. 당신은 성공과 행복의 비밀을 발견했다. 당신 안에, 당신의 놀랍도록 창조적인 상상력 속에 비밀이 간직되어 있다.

첫 번째 단계는 꿈꾸는 것이다. 두 번째는 이러한 꿈들을 현실로 만들 수 있는 방법을 상상하는 것이다. 우리에게는 목표가 적힌 목록이 있다. 이제 그 목표들을 어떻게 인식할 것인가?

계획을 통해 상상을 구체화하라

무엇이든 이루기 위해서는 청사진이 필요하다.

비밀은 계획을 세우는 것이다.

당신은 정확히 어떤 방식으로 이를 시작하고 있는가? 어쩌면 당신은 지금 그냥 자리에 앉은 채로 각각의 목표를 이루기 위한 간단한 계획을 세우고 있을지도 모른다. 당신 앞에 완전히 새로운 세상이 열리기를 원한다면 그 전에 반드시 해야 할 일이 있다.

바로, '만일 그렇게 한다면 어떻게 될까'에 대한 목록을 만드는 것이다.

얼핏 보면 대수롭지 않게 보이는 이 방법은 렌드라 J.

캐럴이 《모든 풍요로움의 건축물》이라는 책에서 소개한 것이다. 앞서 얘기한 다른 과정들과 마찬가지로 이 또한 단 몇 분이면 충분한 일이다.

자리에 앉아서 종이 한 장을 앞에 놓고, 맨 위에 당신의 꿈이나 목표를 적어라. 그러고 나서 '만일 그렇게 한다면 어떻게 될까'에 대해 생각나는 모든 것들을 적어 목록으로 만들어라. 목표를 향해 당신을 나아가게 할 모든 가능성을 빠짐없이 기록하라. 예를 들어, 내가 내 회사의 이윤을 증대시키기 위한 목록을 만든다면 다음의 2가지가 될 것이다.

전도유망한 신인 작가가 쓴 엄청난 도서를 출간해 베스트셀러로 만든다면 어떻게 될까? 그리고 전자출판 분야로 사업을 확장하고 웹상의 정보량을 비약적으로 증가시키면 어떻게 될까?

렌드라 캐럴은 12가지의 목록을 만들어 볼 것을 권한다. 나는 보통 3가지, 많아야 8가지의 목록을 만들어낼 뿐이다. 하지만 정확한 숫자는 상관없다. 중요한 것은 잠시 집중하면서 머릿속에 떠오르는 생각을 붙잡아 가능한 많은 목록을 만드는 일이다.

되도록 모든 종류의 가능성을 마음의 문을 열고 관찰하라. 그러면 그 안에서 그리 어렵지 않게 해낼 수 있는 단계들을 볼 수 있을 것이다. 사실 간단명료한 것들뿐이다. 이러한 단계들을 밟아 나가라. 그렇게 당신의 길을 만들어 가라.

당신이 세운 각각의 주요한 목표를 위해 가능한 많은 가능성을 찾아라. 그런 다음 그 목표들을 이루기 위해 필요한 계획을 한두 페이지 분량의 간단한 글로 적어라.

모든 주요 목표를 위해 한두 페이지 분량의 계획을 적어라.

목표를 이루기 위해서는 어떤 단계들이 필요할까? 어쩌면 처음에는 몇 가지밖에 떠오르지 않을지 모른다. 프롤로그에서 언급했듯이, 성공적인 사업을 일궈 나가기 위한 계획을 세웠을 때 내 머릿속에 떠오른 생각이라고는 두세 가지가 전부였다. 사업 관련 서적들을 읽는 것. 그리고 사업에 대해 나보다 조금이라도 많이 아는 사람들을 모두 만나 얘기를 나누면서 미숙한 질문을 던지는 것. 그뿐이었다.

하지만 일단 이것을 모두 실천에 옮기고 나자 다음 할 일이 좀 더 분명해졌다. 바로 성공적인 회사를 일궈 나가기 위해 한 페이지 분량의 간단한 계획을 세우는 일이었다.

이 단순한 시스템은 다른 과정과 마찬가지로 결코 긴 시간이나 많은 말을 필요로 하지 않는다. 사실 간단할수록 좋다. 간결한 계획을 세워라. 그 계획을 분명히 인식하고 마음속에 간직하라. 그래야만 잠재의식 또한 이를 꼭 붙잡고 온전히 받아들일 수 있다.

처음에 당신의 계획이 불완전한 것처럼 느껴지더라도 걱정하지 마라. 시간이 지날수록 제 모습을 갖춰 갈 것이다. 당신은 지금 계획을 돌 위에 새기고 있는 것이 아니다. 그러니 절대로 바뀌지 않을 완벽한 계획을 세우려 애쓰지 마라. 당신의 계획은 언제든지 바뀔 수 있고 아마도 끊임없이 바뀌게 될 것이기 때문이다.

계획을 세워라.
그리고 당신 앞에 펼쳐진 다음 과정을 위한 걸음을
내딛어라.

이 계획은 당신의 청사진이다. 이를 종이 위에 쓰는 행위는 당신의 잠재의식에게 '어떻게 하면 진정 원하는 일을 성공적으로 해낼 수 있겠느냐'고 묻는 것과 같다. 질문을 던지는 순간, 당신은 답을 얻기 시작할 것이다.

아이디어와 꿈을 현실로 만들기 위해 필요한 모든 것들이 꼭 필요한 순간에 당신 앞에 펼쳐질 것이다. 무한한 능력을 지닌 당신의 잠재의식이 있기에 가능한 일이다. 당신 안에서 나온 까닭에 이 모든 대답은 당신에게 더없이 적합할 것이다.

누군가 당신에게 "계획이 무엇인가요?" 하고 묻는다면, 당신은 1, 2분 안에 분명한 대답을 할 수 있어야 한다.

그렇게 할 수 있을 때, 잠재의식은 당신이 목적을 향해 나아갈 의지가 분명하다고 믿게 된다. 그래야만 강력한 힘을 가진 잠재의식이 비로소 목적지에 도착하기 위한 다음 과정을 보여 주면서 부드럽고도 고요하게 당신을 이끌어 주는 것이다.

지금 당신은 허공에 성을 세우려 하고 있다. 이를 위해서 필요한 것은 성을 세우겠다는 꿈, 그리고 풍부하게 만드는 상상, 그리고 청사진이다. 아름다운 성을 쌓을 계획과 그것을 적을 종이가 몇 장, 그것이 됐다. 이제 그 계획에서 꿈을 실현시키기 위해 나아가야 할 다음 단계를 살펴보도록 하겠다.

확신을
가져라

아내가 내게 준 액자 안에는 꿈을 현실화시킬 수 있는 비밀이 담긴 4개의 단어가 적혀 있다. '꿈, 상상, 믿음, 창조'가 바로 그것이다. 내가 그 단어들을 처음 읽었을 때 내면의 목소리가 말했다.

'4개의 단어 안에 진정한 삶의 비밀에 관한 모든 과정

이 집약되어 있군.'

하지만 그러고 나서 나는 생각했다.

'사실 모든 것을 담은 단어는 3가지뿐이야. 그 과정을 무조건 믿어야 할 필요는 전혀 없으니까. 직접 행동으로 옮겼고 효과를 직접 눈으로 봤으니까.'

그렇다. 나는 처음부터 그 과정을 무조건 믿을 필요가 없었다. 몇 가지 단계들을 실천에 옮겼고, 추진되는 과정을 지켜봤다. 나는 확신도, 목적과 계획들을 글로 쓰는 것도, 이상적인 상황을 상상하는 것의 힘도 자연스럽게 알게 되었다. 모든 것들을 실행에 옮겼고, 그로 인해 내 인생에 놀라운 변화가 일어났다는 사실을 직접 깨달았으니까.

사실 소개된 방법과 기술은 모두 지난 수년 동안 효과가 있다고 들어 온 것들이다. 확신, 기도, 선언, 긍정적인 생각, 창조적인 시각, 자아실현, 자각, 그밖에 뭐라고 불리든 모두가 그렇다. 그것들은 저마다 효과를 발휘한다. 우리가 생각하는 모든 것들은 강력한 창조의 힘을 지니기 때문이다.

우리가 의심과 두려움을 내버려 둔다면 그것들 또한 삶속에서 강력한 창조적 힘을 발휘한다는 것이 문제일 뿐이다. 나는 그 과정이 다음과 같은 효과를 발휘한다고 믿는다. 우리는 확신한다.

'나는 지금 성공을 창조하고 내가 진정 좋아하는 일을 하고 있다. 여유롭고 편안한 방식으로, 건강하고 긍정적인 자세로.'

그러면 온 우주가, 혹은 우리의 잠재의식이, 혹은 당신만의 방식으로 부르는 그 어떤 것이 대답한다.

'그래!'

그리고 그것이 우리의 꿈을 실현하는 방법을, 우리가 내딛어야 할 걸음을 보여 준다.

하지만 그러고 나서 우리의 마음이 이렇게 생각할 수 있다.

**'아, 하지만 성공하기가 얼마나 힘든데.
자기가 정말 좋아하는 일을 하면서 사는 사람은
몇 안 되는걸.'**

그러면 온 우주가 말한다.

'그래, 사실이야. 그런 생각을 가지고 있다면 네게도 분명 쉽지 않은 일일거야. 얼마나 어려운 일인지 봐. 사실 항상 더 나빠지고 있잖아.'

긍정적이건 부정적이건 상관없이 우리의 모든 생각은 창조적인 능력을 가졌다. 그러므로 의심과 두려움보다 꿈에 집중할 때 우리는 비로소 한 걸음씩 꿈에 다가가게 된다.

이 과정에서 무조건 믿어야 할 것이 없다 해도 우리가 가진 믿음의 실체와 그 믿음이 삶에서 작용하는 방식에 대해서는 분명히 알고 있어야 한다. 그리하면 꿈을 깨닫도록 도와줄, 보다 강력하고 든든한 믿음 하나를 마음속 깊은 곳에 품고 살아갈 수 있게 된다.

이 과정에 대해 모든 단계를 뛰어넘는 전폭적인 신뢰를 보낼 필요는 없다. 무조건적인 믿음을 가져야 할 필요도 없다.

하지만 우리 안의 믿음을 반드시 인식해야 한다. 그리고 이것이 우리 삶의 모든 순간에 얼마만큼 많은 영향을 끼치는지 깨달아야 한다. 그래야만 적어도 이들을 그대로 받아들이거나 변화시켜 훨씬 더 강하고 긍정적인 믿음으로 다시 태어나게 할 수 있기 때문이다.

믿음의 힘

나는 내가 돈 버는 재주가 없으며 도무지 구제불능이라고 믿었다. 현실 속에서 그것은 분명한 사실이었다. 20대였을 때 내가 번 돈은 모두 순식간에 사라져 버렸다. 30대였을 때 내가 경영하던 회사는 파산 직전이었다. 또한 수천만 원에 달하는 빚에 허덕이며 매달 카드 대금의 최저 상환액도 해결하지 못해 애를 먹고 있었다.

하지만 〈확실한 믿음을 키우는 방법〉이 내 인생을 송두리째 바꿔 놓았다. 내게 효과적이었던 다른 방법들처럼 그 과정 또한 지극히 단순했다. 필요한 것은 몇 가지 간단한 질문에 솔직하게 대답하는 것이 전부였다. 그렇게 하자, 돈과 성공에 대한 나의 극단적인 믿음을 보다 분명하게 인식할 수 있게 되었다.

〈확실한 믿음을 키우는 방법〉의 마지막 단계는 이러한 극단적인 믿음과는 완전히 상반된 확신을 내게 안겨 주었다.

'내게는 분별력과 재정을 관리할 능력이 있어. 나는 재정적으로 완전한 성공을 거두는 중이야. 여유롭고 편안한 방식으로, 건강하고 긍정적인 자세로.'

특히 의심과 두려움에 짓눌릴 때면 나는 수천 번씩 거듭해 이 말에 대한 확신을 가지려 노력했고, 확신하게 되었다. 그리고 나자 내 인생에 커다란 변화가 생겼다. 비약적인 성장을 이룬 것이다. 더 이상 돈은 나의 능력 밖인, 도무지 알 수 없는 존재가 아니었다.

또한 돈이 얼마든지 통제 가능한 존재라는 사실 역시 명료해졌다. 분별력과 재정 관리 능력을 갖추는 것이 얼마나 쉬운지 깨닫기 시작했으며, 나만의 방식으로 완벽한 재정적 성공을 거두고 있음을 발견했다.

이것이 바로 내가 상상한 것을 잠재의식이 받아들일 수 있도록 수없이 반복한 결과, 증명해낸 확신의 힘이다. 단순명료한 확신은 당신의 믿음과 인생을 변화시킬 수 있다. 설령 믿지 않는다 할지라도 지극히 간단한 이 과정을 천천히 따라가 보라. 그리고 어떤 일이 일어나는지 당신의 눈으로 직접 확인하라.

확신을 가지는 방법

인생의 길목마다 힘든 상황과 문제들이 우리를 기다리게 마련이다. 그러나 다음 과정을 통해 이 모든 어려움들에 지혜롭게 대처할 수 있을 것이다. 당신이 할 일은 가능한 정직하게 다음 질문들에 대답하는 것이다. 그것이 전부다. 답변을 머릿속으로 또는 종이 위에 적어 내려가도 상관없다.

1. 뭐가 문제지?

1, 2분 동안 당신에게 닥친 상황을 솔직하게 설명하라.

2. 지금 기분이 어떤가?

한두 마디로 당신의 심정에 이름을 붙여라. 그 안에 두려움, 좌절, 분노, 죄의식, 슬픔이라는 단어가 들어 있는가? 때로는 그저 감정에 이름을 붙이는 것만으로도 적어도 몇 가지는 훌훌 털어낼 수 있다. 물론 모든 과정을 거치고 나서야 비로소 떨쳐 버릴 수 있는 감정들도 있다.

3. 몸 상태는 어떤가?

1분 동안 당신의 몸에 집중하라. 그리고 몸에서 일어난 느낌들을 간단하게 표현하라.

4. 무슨 생각을 하는가?

최근에 어떤 생각에서 도무지 빠져나올 수가 없는가?

요즘 자꾸 떠오르는 생각이 무엇인가? 당신의 마음속에 일어나는 생각들을 몇 분 동안 큰 소리로 말하거나 글로 옮겨 적어라.

5. 이 상태에서 일어날 수 있는 가장 나쁜 일은 무엇인가?

당신이 상상할 수 있는 최악의 시나리오는 무엇인가? 그런 일이 실제로 일어난다면 당신에게 일어날 수 있는 최악의 상황은 어떤 것일까? 마음속 깊이 숨겨 둔 두려움에 빛을 비추는 것은 분명 바람직하다. 내밀한 두려움이 사실은 별것이 아님을 직시할 수 있기 때문이다.

6. 일어날 수 있는 일 중에 최상의 시나리오는 무엇인가?

어떤 일이 일어나면 가장 이상적일까? 지금 당신의 인생에서 그릴 수 있는 가장 이상적인 상황은 무엇인가?

7. 어떤 두려움이나 지나친 믿음이 소망을 이루지
못하게 방해하는가?

지금 우리는 문제의 핵심에 접근하고 있다. 당신은 두
려움이나 지나친 믿음에 대해 정의할 수 있는가? 가능한
간단하게 이를 표현하라. 간단할수록 좋다.

'난 돈 버는 재주가 없어. 어떻게 돈을 벌어야 하는지
통 모르겠어. 성공하기가 너무 힘들어. 스트레스가 넘치는
데다가 위험하기까지 하다고….'

8. 어떤 확신이 그와 같은 부정적이고 극단적인 믿음을
중화시킬까?

가능하면 정반대로 이를 표현하라. 기분 좋게 느껴지는
확신의 말을 발견할 때까지 계속 반복하라. 자신만의 독특
한 방식으로 스스로에게 말하라.

'나는 분별력과 재정 관리 능력이 탁월해. 나는 재정적으로 완전한 성공을 거두고 있어. 나는 지금 풍요로운 인생을 일궈 나가는 중이야. 나는 꿈에 그리던 인생을 살고 있어. 여유롭고 편안한 방식으로, 건강하고 긍정적인 자세로.'

며칠, 몇 주, 몇 달 동안 당신의 확신을 반복해서 말하고 써라. 이를 종이에 써서 당신이 자주 볼 수 있는 곳에 놓아 둬라. 그리고 아침이건 낮이건 생각날 때마다 이를 되뇌라. 특히 의심과 두려움이 고개를 들 때 그 종이를 찾아 읽어라. 분명 위기의 순간이 당신에게도 올 것이다. 그러나 충분히 반복하면 당신의 확신은 두려움이나 의심보다 훨씬 더 강해질 것이다.

이런 단순한 과정을 마침과 동시에 놀라운 변화가 일어날 것이다. 나는 이 모든 과정을 절대적으로 믿을 필요가 없었다. 내 인생에서 그것이 효과를 발휘하는 모습을 직접 목격했기 때문이다. 여유롭고 편안한 방식으로, 건강하고 긍정적인 자세로.

이 비밀은 성서에도 간단명료하게 표현되어 있다.

"자네가 일을 결정하면 이루어지고 자네의 길에 광명이 비칠 것이네."

우리는 이러한 것들에 대해 수도 없이 들었다. 이제 고대의 진실은 인류 대부분의 삶 속에 인식되기 시작한다. 우리에게 스스로의 믿음을 변화시킬 힘이 있다면 삶뿐만 아니라 세상도 변화시킬 수 있을 것이다.

사실 우리는 가장 큰 꿈을 실현하기 위해 필요한 모든 것이 지금 이 순간 우리 안에 있음을 분명 알고 있다. 당당히 꿈꾸고, 이루어지리라 확신하고, 이를 실현시키기 위해 필요한 모든 과정을 차근차근 밟아 나갈 능력이 우리 안에 존재함을.

이제 비밀의 마지막 단계에 이르렀다. 이 단계를 통해 우리가 허공에 지은 성들이 현실 속에 단단한 기반을 갖추게 될 것이다.

창조
하라

이제 이 비밀을 성장과 발전의 강력한 도구로 만들 마지막 방법을 소개한다.

당신이 알고 있는 것을 계속 떠올려라. 가장 먼저 마음속에 이 마지막 방법을 새겨 둬라. 그리고 언제나 가슴 깊이 간직하라. **당신의 꿈을 잊지 마라.** 그리고 그 꿈을 현실로 만들 방법을 끊임없이 그려 보라. 당신의 상상력이 날개를 펴게 하라. 각각의 목표를 위해 세운 계획들을 다시 확인하라. 그리고 필요하다면 수정하라.

당신이 세운 계획을 구체화하는 성공과 행복의 열쇠가 바로 여기에 있다. 생각만으로도 분명히 알 수 있는 일이다. 하지만 이를 깨달은 사람은 얼마 되지 않는 것 같다.

각각의 목표를 위해 자신이 받아들일 수 있는 한 모든 전략을 세워라.

먼저 당신은 무언가를 시도할 것이다. 만일 효과를 발휘하지 못한다면 다른 방법을 찾을 것이다. 당신 앞에는 수많은 가능성이 펼쳐져 있다. 당신의 꿈을 실현시킬 창조적인 방법은 무수히 많다. 그러니 계속 시도하라.

실패를 두려워 마라. 이번 일이 수포로 돌아간다 해도 언젠가 또 다른 어떤 것을 시도할 수 있기 때문이다. 계속 시도하라. 그러면 결국 효과적인 대안을 발견할 것이다.

당신의 계획에 집중하라.

그리고 버텨라.

이것이 바로 성공과 행복의 비밀이다.

당신이 할 수 있는 간단명료한 일이 또 하나 있다. 당신의 계획을 자세히 살펴라. 그리고 나서 1주일씩 나뉜 달력으로 계획을 진전시키기 위해 할 것들을 확인하라. 너무나도 간단한 일이다. 긴 시간을 낼 필요도 없다. 하지만 휴가기간을 제외하고는 앞으로 나아가기 위한 계획들을 매주 실행에 옮겨라.

처음 몇 가지의 실험적인 단계를 밟아 나가다 보면 당신의 생각이 바뀌고 있음을 깨달을 것이다. 전에는 막연한 꿈, 덧없는 환상에 불과했던 것들이 이제는 확실한 목표가 된다. 그리고 시간이 갈수록 하나의 목적이 된다.

당신은 모든 과정을 차근차근 밟으며 자신의 목적을 증명해 왔고 잠재의식은 목적을 받아들였다. 그리고 그 잠재의식이 목적을 이루기 위해 해야 할 다음 단계가 무엇인지 당신에게 정확히 보여 주기 시작한다.

정말 신비로운 과정이다. 하지만 지극히 단순하다. 고등 수학이 필요한 것도 아니다. 교육을 얼마나 받았든, 과거에 어떤 경험을 했든, 그런 것은 아무 상관없다. 명확한 계획이 있을 때 그것을 글로 표현하면 잠재의식이 꿈과 이상을 실현하기 위해 할 일들을 한 가지씩 일러 줄 것이다.

당신은 인생에서 큰 성공을 거두기 위해 필요한 모든 것들을 이미 가지고 있다. 신비로운 몸, 경이로운 두뇌, 그리고 능력을 이루 다 헤아릴 수 없는 잠재의식까지. 이제 할 일은 옳은 방향으로 마음을 모으고, 가야 할 길을 정하고, 필요할 때마다 그 길을 수정하는 것뿐이다. 다음의 내용을 계속 되뇌고 기억하라.

필요한 모든 것들은 이미 당신에게 있다.
신비로운 몸, 경이로운 두뇌,

그리고 능력을 이루 다 헤아릴 수 없는 잠재의식까지.
이제 할 일은 옳은 방향으로 마음을 모으는 것뿐이다.

하지만 우리는 좌절 또는 근심에 짓눌려 가야 할 길을
기억하지 못하곤 한다. 우리는 자꾸 꿈을 잊는다. 낡은 습
관에 젖어 자신이 어디로 가고 싶어 하는지 잊고 만다. 그
래서 우리는 항로를 조금씩 벗어나는 비행기 조종사처럼
가야 할 길을 계속 수정해 줘야 한다.

집요해져라

우리는 몇 번이고 꿈과 계획을 기억해야 한다. 그래야만
항로에서 벗어났을 때 자신의 길로 되돌아가게 된다. 이를
계속 반복하면 언젠가는 반드시 목적지에 도착할 것이다.

많은 사람들이 이 비밀을 어렵게만 느꼈던 까닭은 뭘까? 필요한 것은 과감히 꿈꾸고, 그 꿈을 실현하기 위한 계획을 세우고, 우리 앞에 펼쳐진 다음 단계를 향해 당당히 걸음을 내딛는 것이 전부인데 말이다.

　과감히 자신의 위대한 꿈을 상상하는 사람들이 얼마나 될까? 그들 중에서 자리를 잡고 앉아 꿈을 이루기 위한 계획을 글로 적는 사람은 또 몇이나 될까?

　그리 많지 않을 것이다. 그 과정이 지극히 단순한데도 말이다. 이 방법은 꿈꾸는 삶을 실현할 수 있도록 우리를 한 걸음씩 이끌어 준다.

　이것이 바로 성공과 행복의 비밀이다. 창조의 기적을 포함하고 있기에 이 모든 과정은 참으로 신비롭다. 하지만 이 과정을 우리의 삶에 적용하는 것은 너무나도 간단하다.

　그러니 힘을 내라! 몸과 마음을 활짝 펴고 드높은 꿈을 향해 나아가라. 절대 후회하지 않을 것이다. 이 모든 과정

속에서 당신은 충분히, 그리고 빠르게 성장할 테니. 여러 가지 면에서 예전과는 전혀 다른 사람이 될 테니.

당신은 자아를 실현한다. 당신은 더 이상 배우는 입장이 아니다. 이미 남들에게 비밀을 알려 줄 스승이 되었다. 그것도 당신만의 독특하고도 독창적인 방식으로 말이다.

당신은 한 인간으로서 자신이 지닌 능력을 충분히 발휘한다. 그리고 기꺼이 당신만의 방법으로 인류의 발전과 세상의 번영에 기여한다. 당신에게는 이미 이 모든 능력이 있다.

PART 3

부자가 아닌
잘사는 사람이 되라

위대한 비밀을 발견하고

이를 당신만의 방식으로 실행하라

모든 지혜의 끝에는 사랑, 사랑, 사랑이 있다.

라미나 마하르시

그 무엇보다 위대한,
당신도 이미 알고 있는 비밀

○

하늘과 땅 사이에는 이 법칙보다 훨씬 더 중요한 것들이 많다. 이 비밀을 발견한 사람 또한 셀 수 없을 정도지만 이들은 여전히 고통과 좌절에 짓눌린 채 비참한 생을 이어가고 있다.

엄청난 부를 얻었지만 여전히 불행한 사람들도 있다.

잘사는 인생, 행복과 내적 평화가 가득한 인생, 목표가 있는 인생, 신성하고 신비로운 인생의 단순한 비밀을 배우지 못했기 때문이다.

인류 역사를 통틀어 이 비밀을 깨달은 사람은 수없이 많았다. 그들은 이것이 다른 어떤 것과도 비교할 수 없을 만큼 중요하고 위대함을 잘 알고 있었다. 그리고 이를 다른 사람에게 전하려 무던히도 애썼다. 글로 써 두기도 했고, 다양한 방법을 통해 크고 분명한 목소리로 외치기도 했다. 그리고 오늘도 전 세계에서 수많은 스승과 지도자들이 이에 대해 얘기하고 있다.

이 안에 새로운 것은 없다. 이것은 오랜 세월 이어져 내려온 철학이다. 그리고 지극히 단순하다. 단지 대부분의 사람들이 귀 기울일 준비가 되지 않았을 뿐이다.

우리는 모두 이 비밀에 대해 여러 번 들어 봤다. 하지만

자꾸 잊어버린다. 자기만의 언어로 깨달아야 한다. 그래야
비로소 기억하고 자기만의 방식으로 실행할 수 있다.

배웠지만
알지 못하는 법칙

아이였을 때, 나는 분명 이것에 대해 알고 있었다. 하지
만 곧 잊고 말았다. 10대였을 때, 나는 이것에 대해 다시
익혔다. 그리고 청년이 되었을 때, 또다시 배웠다. 몇 번이
고 말이다.

하지만 나는 계속해서 잊어버렸다. 배운 비밀을 나만의
언어로 기억하고 매 순간 되뇌기 전까지 이와 같은 일은
반복되었다.

아침 기도를 올리던 중, 나는 마침내 비밀에 대해 마지
막 깨달음을 얻었다. 당신의 경우는 다를지도 모른다. 다

른 방식으로 이를 발견하게 될 수도 있다. 그리고 다른 언어로 표현할지도 모른다.

내면에서 들려오는 고요하고도 분명한 목소리에 귀 기울이다 비밀에 눈뜰 수도 있다. 어디선가 읽었거나 누군가에게서 여러 번 들었던 문장을 새로운 방식으로 이해하는 순간 깨닫게 될지도 모른다.

예수 그리스도와 마호메트는 기도를 통해, 그리고 부처는 명상을 통해 이 비밀을 깨달았다. 어떤 이는 자연 속에서, 또 누군가는 종교 사원에서 이를 깨닫기도 한다. 아이를 키우거나 큰일을 치르는 동안에 또는 책이나 영화, 회의나 강연을 통해 깨치기도 한다.

아인슈타인은 과학과 수학, 그리고 엄청난 상상력을 통해 이를 발견했다. 마더 테레사는 헌신을 통해, 마틴 루터 킹은 예수 그리스도의 말씀을 통해, 간디는 힌두의 서사시 〈신의 노래〉를 통해 이를 발견했다.

틱낫한과 일본인 선사 스즈키 로시 외에 수많은 사람들은 고요한 명상을 통해 이것을 배웠다. 미국의 여성운동가 리안 아이슬러는 인류학 공부를 통해 이를 깨달았다. 에크하르트 톨레는 절망의 수렁 속에서 이를 배웠다. 인도의 철학자 라마나 마하르시는 자신에게 던진 질문, '나는 누구인가?'를 통해 이 비밀을 알아냈다.

중독이나 충동에서 벗어나기 위해 치료 중인 사람들은 고차원적인 힘을 통해 이를 배운다. 그들 중 한 사람에게 이런 얘기를 들은 적이 있다.

"세상을 창조한 고차원적인 힘에 대해 믿지 못하겠거든 당신이 직접 풀 한 포기를 만들어 보세요. 아니면 귀뚜

라미를 그것도 아니면 은하수를."

자신만의
우주를 창조하라

행복의 비밀을 표현하기 위해 어떤 언어를 사용하건 상
관없다. 비밀은 수많은 방식으로 표현할 수 있지만 모두
같은 곳으로 우리를 이끈다. 그리고 비밀은 우리 안에서
답을, 길잡이와 영감을 찾는 방법을 보여 준다.

상상을 통해 우리는 비밀을 찾는다. 그리고 자신만의
언어와 경험으로 이해한다. 하지만 비밀을 아는 모든 스승
들은 우리에게 길을 알려 줄 뿐이다. **답은 이미 우리 안에
있기 때문이다.**

우리는 저마다 자신만의 방식과 언어로 비밀을 발견한

다. 나는 신과 창조주, 그리고 심지어 우주라는 단어도 자주 사용한다. 이 놀라운 우주를 창조한 힘을 표현하기 위해서다. 우리는 심오한 언어를 완전히 배제한 채, 물리나 화학, 수학만으로도 비밀을 묘사할 수 있다.

중요한 것은 언어나 상징이 아니다. 이 모든 것들은 방향을 일러 줄 뿐이다. 내가 소개한 말들을 변화시켜라. 그리고 **당신만의 단어를 찾아라.**

비밀은 항상 간단한 기도를 통해 내게 모습을 드러냈다. 거의 매일 아침, 나는 밖으로 걸어 나가 주위를 살핀 후 한 번의 심호흡을 통해 모든 생각을 떨쳐낸다. 그리고 마당을 거닐며 짧은 기도를 올린다. 기도는 주로 이렇게 시작한다.

"감사합니다, 창조주여. 이렇게 아름다운 하루와⋯."

그리고 내가 감사드리는 것들의 목록을 몇 가지 덧붙인다.

"별새가 제 곁으로 지나가게 해 주셔서 감사합니다. 들판의 풀잎들이 눈부신 녹색으로 빛나고 아름다운 꽃을 피우게 해 주셔서 감사합니다…."

그러다 문득 깨닫게 되었다. 감사의 목록이 영원히 이어질 수도 있다는 사실을. 감사할 것들의 이름을 부르는 데 여생을 바칠 수는 없는 노릇이 아닌가.

그래서 나는 다음 단계로 옮겨 간다. 감사의 생각들을 떨쳐내고 고요한 시간을 좀 더 갖는다. 고요 속에서 계속 기도한다. 그리고 나서 그 무엇보다 위대한 비밀로 나를 안내할 간단한 단어들을 읊조린다. 나는 조용히 속삭인다.

"나를 인도하소서, 창조주여. 나를 인도하소서."

그리고 마음 깊은 곳에서 들려오는 고요한 이야기에 귀 기울인다. 언제나 거의 비슷한 이야기가 들린다. 수년 동안 이러한 일을 반복하면서 나는 깨달았다. 그 무엇보다 위대한 비밀은 이렇듯 간단한 단어로 표현될 수 있음을.

그저 사랑하라
사랑하고, 섬기고, 기억하라.

내가 묻는다.

'뭘 기억하라는 거지?'

언제나 사랑하고 섬겨야 함을 기억하라.

이 말을 어디서 들었는지 지금도 분명히 기억한다. 《사랑하고, 섬기고, 기억하라》는 람다스가 몇 년 전에 쓴 책의 제목이었다.

사랑은 두려움을 이겨냄을 기억하라.
사랑은 천국의 문을 연다.
천국이 그 안에 있다.

사랑은 두려움을 이겨낸다.

사랑과 두려움 중 하나를 선택해야 하는 모든 순간에 나는 이 말을 떠올린다. 우리는 얼마든지 의식적으로 사랑을 선택할 수 있다. 언제나 그것이 훨씬 더 나은 선택임은 물론이다.

네가 누구인지 기억하라.
신의 자녀다.
신비로운 창조물의 본질이다.

내가 자식들을 얼마나 사랑하는지, 그리고 그들이 행복하고, 풍요롭고, 자유롭기를 얼마나 바라는지 떠올려 본다. 그리고 우리가 자녀들을 사랑하듯이 신 또한 우리를 사랑한다는 사실을 깨닫는다.

우리 모두는 위대한 사랑의 행동과 사랑에 대한 확신, 사랑으로 인한 격려가 낳은 열매다. 그러니 사랑을 선택한다면 매 순간 사랑으로 충만한 삶을 살 수 있는 것이다.

우리는 신비로운 창조물의 본질이며, 창조성과 영원히 끊을 수 없는 관계를 맺었다. 우리는 신의 일부다. 또한 모든 창조의 근원과 연결되어 있는 까닭에 강력한 창조성을 가진다.

기억하라. 사랑은 우리가 행하는 모든 일에서 완벽한 협력을 이끌어낸다.

리아나 아이슬러는 자신의 책, 《성배와 칼》과 《협력의 힘》에서 이를 설명했다. 그녀는 세상을 바라볼 렌즈를 우리에게 준다. 우리는 그녀가 건넨 렌즈를 통해 사랑과 존중에 바탕을 둔 협력을 보게 될까? 아니면 두려움과 통제에 바탕을 둔 지배와 착취를 보게 될까?

협력을 통해서라면 개인적인 것뿐만 아니라 세계적인 문제까지 해결 가능하다. 근심과 의심, 두려움 같은 개인사를 풀기 위해서 우리는 자신과 직관, 영혼과 그밖에 우리가 자녀에게 하듯 우리를 지탱하고 사랑하는 모든 것들과 협력할 수 있다.

기아와 가난과 전쟁 같은 세계적인 문제를 해결할 방법은 한 가지뿐이다. 맺고 있는 모든 관계 속에서 보다 새롭고, 보다 나은 협력의 방식을 찾아내는 것이다.

친구, 가족, 직장, 지역사회, 국가, 세계, 그리고 자연과 영혼에 이르는 모든 관계 속에서 말이다. 협력을 통해, 오직 협력을 통해서만 우리는 모두를 위한 세상을 창조할 수 있다.

리안 아이슬러가 일깨워 주듯이 우리가 해야 할 일은 두려움과 통제에 뿌리를 둔 지배의 관계를 사랑과 존경에 바탕을 둔 협력의 관계로 새롭게 바꿔 나가는 것이다. 모든 사람과 창조물을 위해서 반드시 그리해야 한다.

그가 해낸 일에 찬사를 보낸다. 그 위대한 발견은 이런 토대 위에서 비롯된 것이다.

협력 안에서 살아가고 일하는 것. 그것이 바로 세계적인 문제들을 해결할 열쇠다. 궁극적으로 협력은 지배와 착취보다 훨씬 더 강력하고 효과적이다.

협력 안에서 살아가고 일하는 것은 우리가 자신과 다른 이들을 사랑하고 섬긴다는 의미다. 또한 행복한 인생을 사는 것뿐만 아니라 세계의 평화와 번영을 위한 열쇠이기도 하다.

무엇보다 **이것은 하나의 과정이다.** 예수도, 부처도, 간디도, 그리고 마틴 루터 킹도 이를 거쳐 갔다.

당신의 이웃을 사랑하고 섬겨라.
당신의 적까지도 보듬어라.

궁극적으로 우리가 진정 원하는 세계 평화와 번영을 위한 열쇠는 바로 여기에 있다.

세계 평화와 번영을 이루기 위한 열쇠는 지배와 착취를 협력으로 바꿔 나가는 데 있다.

무엇보다, 궁극적으로 **협력은 언제나 지배보다 강하다.** 누군가를 착취하고 통제하려는 시도들은 끝없는 갈등과 방해, 그리고 문제를 낳을 뿐이다. 이것들이 필연적으로 좌절과 분노, 적의와 원한으로 이어지기 때문이다. 결국 남는 것은 폭력과 고통의 악순환이다.

협력 속에서 이루어지는 모든 일들은 다양하고도 창조적인 방식으로 서로 영향을 끼친다. 그러므로 필연적으로 조화와 지지, 번영, 사랑과 존경을 낳는다.

무엇보다 사랑은 이 세상의 창조적인 힘이다. 협력하며 일할 때, 모든 것들은 부드럽고 아름답게 움직인다. 또한 모두에게 도움이 되는 세상에 가까워지게 된다.

뿐만 아니라 생명과 자유, 행복의 추구처럼 삶에서 반드시 필요한 것들을 모두 가질 수 있고, 이를 토대로 꿈을 향해 나아가게 된다. 그것이 바로 제대로 움직이는 세상이다. 그리고 지배와 착취가 아닌 오직 협력을 통해서만 우리가 이러한 세상을 창조할 수 있다.

건축가이자 작가, 교수, 발명가였던 벅민스터 풀러가 지적했듯이, 현재 우리에게는 지구의 모든 사람을 먹이고 재우고 부양할 능력이 있다. 우리는 세상을 살아가는 모두에게 매우 유용하게 쓰일 기술을 지녔다. 이를 활용한다면 우리는 위대한 심리학자 아브라함 매슬로가 말한 자아실현으로 나아갈 수 있다.

매슬로는 인간의 욕망을 생리적 욕구, 안전, 소속감, 애정, 자존심으로 구분하여 '자아실현의 5단계'라고 명명하고, 이를 피라미드 형태로 정리했다. 이것이 바로 매슬로의 〈욕구 발달 5단계설〉이다. 수년 동안 나는 그의 아이디어를 받아들였다. 이제 나는 나만의 방식으로 변형시킨 매슬로의 〈욕구 발달 5단계설〉을 소개하고자 한다.

인간의 욕망 가운데 가장 밑바닥에 자리 잡은 것은 **음식과 보금자리, 의료 혜택에 대한 욕망**이다. 이러한 것들은 사람의 의식을 지배해 이것이 충족되지 않고서는 피라미드의 다음 단계로 이동하기가 무척 어렵다.

이보다 조금 높은 수준의 욕망은 **안전**이다. 이것 없이는 다음 단계로 올라가서 보다 만족스러운 삶을 창조해 나가기가 매우 힘들다. 일단 이러한 기본적인 욕구가 충족되면 우리는 피라미드의 다음 단계인 **교육**의 영역으로 들어가게 된다.

우리는 모두에게 훌륭하고 자유로운 공교육을 제공할 능력이 있다. 돈을 전쟁이나 지배, 착취에 허비하는 것보다 교육에 투자하는 것이 훨씬 중요하다. 이러한 사실을 깨닫게 되면 동시에 그 돈으로 무엇을 해야 할지 알게 될 것이다. 나라의 안전을 위한 가장 좋은 일은 다른 나라와 협력해 국민에게 최상의 교육과 직업을 제공하는 것이다.

우리는 우리의 기술로 최고의 교육 체계를 만들 수 있다. 교육은 요람에서 무덤까지 계속된다. 그리고 마침내 교육은 우리를 피라미드의 제일 높은 단계인 **자아실현**으로 이끈다.

그곳에서 우리는 비로소 꿈과 열정, 목표를 이루기 위해 집중할 수 있다. 우리의 꿈이 예술적이든, 사업적이든, 인도주의적이든, 정신적이든 아무 상관없다. 중요한 것은 우리가 이 단계에 도달해서 우리 앞에 펼쳐진 수많은 가능성을 깨달을 수 있을 만큼 충분히 교육을 받는다면 잠재력을 발휘하기 위해 필요한 격려와 지지를 스스로 찾아낼 수 있다는 점이다.

우리는 피라미드의 꼭대기에 도달했다. 그리고 저마다 독특하고 창조적인 방식으로 이 세상에 기여할 능력이 있다.

지배와 착취에서 벗어나 세상 모든 사람들과 협력함으로써 우리는 보다 나은 세상을 만들 수 있다.

나의 마음은 아침 기도를 하면서 얻은 온갖 창조적인 아이디어로 가득하다. 그 안에는 세상을 평화롭고 번성하게 만들 방법도 있다.

나의
꿈은 무엇인가?

나는 나의 목표에 대해 지난 수년 동안 곰곰이 묻고 생각해왔다. 다른 사람들에게도 생각해 보라고 권했다. 그것이 그 무엇보다 위대한 비밀을 발견할 수 있는 또 다른 방법인 까닭이다.

당신 인생의 목표는 무엇인가?

많은 사람들이 목표라는 단어 때문에 고심한다. 너무 심각하고, 무겁게 느껴지기 때문일 것이다. 원한다면 이를 '할 일'이라는 말로 바꿔도 좋다. 혹은 소명이나 사명이라는 말도 괜찮다.

당신이 할 일은 무엇인가?

이것 또한 대답하기에는 너무 벅찬 질문일 것이다. 이 질문에 대한 나의 대답은 이렇다.

우리에게는 인생의 위대한 목표가 있다.
그것은 할 일이고, 사명이며, 소명이다.
우리가 지금 여기 존재하는 까닭은 성장하고,
발전하고, 저마다의 능력을 아낌없이 발휘해 세상을
좀 더 나은 곳으로 만드는 데 힘을 보태기 위해서다.

우리는 지금 매슬로가 말한 피라미드의 위쪽으로 다가
가려 한다. 자아실현과 자아인식을 위해, 또한 다른 많은
이들이 자신의 잠재력을 깨닫고 발전하도록 돕기 위해, 그
리고 보다 나은 세상을 만들기 위해 여기에 있는 것이다.

인류를 위한 새로운 가능성을 발견해 나가는 동안 최대
한 성장하는 것. 이것이 바로 우리의 목표다. 또한 그 과정
은 모든 이들의 행복에 기여할 수 있어야 한다. 수많은 이
들이 깨달았듯이, 어떤 방식으로든 누군가를 사랑하고 섬
길 때 삶의 행복과 기쁨은 커진다.

약 200년 전에 종교인이자 작가인 찰스 갈렙 콜튼은 이
렇게 썼다.

자비가 널리 퍼지면
지구는 천국이 될 것이고,

지옥은 전설이 될 것이다.

우리의 목적은 바로 자신과 세계의 발전이다. 이것이야
말로 가장 중요한 본질이다. 때로는 마음이 몸을 가볍게
만든다.

미국 가수 바비 맥퍼린은 인도의 종교 지도자 메허 바
바의 유명한 격언을 이용해 노래했다.

걱정하지 마라, 행복해라.

얼마나 멋진 길잡이인가! 이보다 어떻게 더 간단하게
말할 수 있단 말인가? 이런 표현도 있다.

존재의 기쁨을 기억하라.

이는 나의 여생에 등불이 되어 준 에크하르트 톨레의

말을 떠오르게 한다.

쉽게 얻은 행복은 깊이가 없다.
다만 존재의 기쁨을 희미하게 비출 뿐이다.
가슴 설레는 평화는 저항할 수 없는 상태에 들어설 때만
찾을 수 있다.

내가 할 일은 톨레의 이 말을 진실로 이해하고 기억하
는 것이라는 생각을 종종한다. 그러면 평화와 기품 속에서
온전히 살고 죽는 법을 알게 될 것이다.

때로는 인도와 인류 역사상 가장 뛰어난 스승 가운데
하나인 라마나 마하르시의 말이 내 마음속에 들려온다. 그
럴 때마다 그의 말이 언어로 된 모든 표현 가운데 가장 아
름답다는 생각이 든다.

모든 지식의 끝에는

사랑, 사랑, 사랑이 있다.

이것이 그 무엇보다 위대한 비밀이다. 가끔씩 내 마음
속에 가만히 속삭이는 목소리를 듣는다.

자신과 다른 이를 사랑하고 섬기는 것이 충족과 행복과
평화의 열쇠다. 이것이 바로 그 무엇보다 위대한 비밀이다.

이것이 두려움을 극복하고, 품격 있고, 평화롭고, 신비
한 삶으로 우리를 이끌어 줄 열쇠다.

이것은 분명 기적이다. 그렇지 않은가. 물질을 이루는
알갱이인 원자와 분자는 오랜 세월 서로 놀라운 협력 관계
를 이어 왔다. 지금 이 순간에도 협력은 계속되고 있다.

당신 또한 수많은 원자와 분자로 이루어져 있다. 그들

의 협력으로 말미암아 당신은 몸을 움직여 종이 위에 글씨를 쓸 수 있다. 또한 글을 읽고 그 내용을 마음속에 녹아들게 만들 수 있다.

이렇게 자극을 받은 당신의 두뇌에는 새로운 신경세포들이 생겨나게 된다. 수많은 원자와 분자의 협력 관계로부터 생각과 행동, 인생에서의 경험을 바꿔 놓을 힘을 지닌 또 다른 원자와 분자들이 생겨나는 것이다.

이렇듯 **삶이란 그 자체가 기적이다.** 언제나 우리가 이해할 수 있는 영역을 보기 좋게 벗어나고 만다.

하지만 우리는 그 비밀을 이해하는 방법을 배웠다. 그리고 이를 토대로 자신을 위해 보다 나은 세상을 창조해 나갈 것이다. 또한 우리는 모든 크고 작은 창조물들을 위해 훨씬 나은 세상을 만들 수 있다.

당신은 이제 비밀을 안다. 당신만의 언어로 자신에게 들려줘라. 그리고 언제나 기억하라. 그것이 매 순간 당신을 충만한 삶으로 이끌어 줄 것이다.

그리고 그 비밀이 당신을 평화와 힘이 자리한 피라미드 맨 꼭대기로 안내할 것이다. 그리고 어떻게 하면 꿈꾸는 삶을 일궈 나갈 수 있을지 당신에게 보여 줄 것이다. 또한 어떻게 하면 당신만의 멋진 방법으로 세상을 훨씬 더 좋은 곳으로 만들 수 있을지를 알려 줄 것이다.

비밀은 사랑이다.
사랑은 모든 생명의 창조적인 힘이다. 중요한 것은 사랑뿐이다. 다른 모든 것들은 점점 빛이 바래 결국 흔적도 없이 사라지고 만다. 사랑과 인생만이 영원히 변하지 않는다.

이것이 바로 그 무엇보다 중요한 비밀이다.
훌륭하게 인생을 사는 법이다.

소중한 인생, 성스러운 인생, 그 안에서 우리는 하나의
기적을 깨닫는다.

언제나, 그리고 영원히 사랑이다.

PART 4

행복은 바로 옆에 있다

길은 가까이에 있다.

그러나 사람들은 헛되이 먼 곳을 찾고 있다.

일은 해 보면 쉬운 것이다.

시작을 하지 않고 미리 어렵게만 생각하고 있기 때문에

할 수 있는 일들을 놓쳐버리는 것이다.

맹자

지금 당장
행복해질 수 있다

○

나는 할 수 있는 모든 방법을 동원해 그 비밀을 당신에게
이야기하고 있다.

　이를 나타내는 방법 가운데 하나가 바로 이 책에서 소
개된 방법이다. 나는 이 장에서 그 방법을 아주 간단하게
설명하려고 한다.

행복의
비밀

하나, 비밀은 없다. 우리가 들을 준비가 될 때까지 잠재의식 속에 머무는 진실과 강력한 법칙이 있을 뿐이다.

둘, 행복해지는 방법은 물리의 법칙만큼 구체적이다. 사실 물리와 화학의 법칙이 섞여 있다고 할 수 있다.

얻고자 하는 것을 또렷하게 그려 낼 힘이 우리 안에 있다. 꿈과 목적에 대한 생각에 집중하면 할수록 더욱 확실히 깨닫게 될 것이다.

결코 어렵고 복잡하지 않다. 오히려 매우 단순하고 간단명료해 보인다. 게다가 이미 전에 수도 없이 들어 본 내용이기도 하다. 이것이 바로 소수의 사람들만 이 비밀을 이해하게 된 원인 중 하나다.

셋, 이 비밀들을 인생에 효과적으로 적용시키기 위해서
는 당신만의 언어로 표현해야 한다. 간단하고도 심오한 행
복의 법칙을 당신만의 방식으로 이해하고 표현해야 한다.

우리는 매우 창조적이다. 우리가 꿈이나 목적에 정신을
집중할 때, 무한한 잠재의식이 꿈을 향해 한 걸음씩 나아
갈 방법을 보여 준다.

행복의 비밀을 설명할 당신만의 언어를 찾아라. 그리고
그것이 어떻게 인생에서 작용하는지 지켜보라.

물론 행복의 비밀보다 훨씬 더 위대한 비밀들이 존재할
것이다. 인생을 훌륭히 사는 법, 내적 평화를 유지하는 법,
편안하고 충만한 인생을 사는 법, 신비롭고 신성한 삶을
사는 방법까지 말이다.

나는 나만의 언어로 그 무엇보다 위대한 비밀을 표현하여 당신에게 소개하였다. 이를 받아들여 당신만의 언어로 만들기 바란다.

행복의
의무

우리에게는 인생의 위대한 목표가 있다. 그것은 할 일이고, 사명이며, 소명이다. 우리가 지금 여기 존재하는 까닭은 성장하고, 발전하고, 저마다의 능력을 아낌없이 발휘해 세상을 좀 더 나은 곳으로 만드는 데 힘을 보태기 위해서다.

이것이 바로 인류를 위한 비밀이다. 우리는 우리가 생각하는 것보다 훨씬 더 위대하다. 우리의 잠재의식은 끝을 알 수 없을 만큼 광대하다. 대부분 우리가 누구인지, 그리고 우리의 능력이 무엇인지를 이제 겨우 깨닫기 시작했을 뿐이다. 그동안의 경험을 통해 우리의 무한한 가능성을 어렴풋이 감지했을 뿐이다.

이제 **우리의 임무는** 이 세상에 공헌할 자신만의 방법을 발견하는 것이다. **등불을 하나 만드는 일이다.** 온 세상이 알아볼 수 있도록 등불을 환하게 밝히자. 그렇게 다른 이가 등불을 켜도록 돕는 것이다.

그러면 모이고 모인 등불이 하나의 커다란 횃불로 변한다. 우리의 인생과 세상을 바꿀 수 있는 강력한 횃불로 말이다.

인생에서 가장 중요한 비밀을 깨닫기 위해 우리가 해야 할 간단한 일 3가지가 있다.

사랑하고
섬기고
기억하라.

'무엇을 기억하란 말인가?'

이 질문에 대한 답은 '**언제나 사랑하고 섬겨야 함을 기억하라.**'이다.

기억하라. 사랑은 두려움을 이겨 낸다. 사랑은 두려움을 초월한다. 그리고 보다 높은 차원의 깨달음에 눈뜨게 한다. 사랑은 천국으로 가는 문을 연다.

우리는 이를 수도 없이 들어왔다. 하지만 계속 잊고 만다.

천국이 네 안에 있다.

네가 누구인지 기억하라. 신의 자녀다. 신비로운 창조

물의 본질이다. 사랑은 우리가 행하는 모든 일 속에서 완벽한 협력을 이끌어낸다는 사실을 기억하라.

사랑하는 것은 만물을 존중하고 소중히 여기는 행동이다. 두려움과 통제가 필요 없는 상태다. 지배와 착취를 초월해 세상 만물과 한없이 창조적인 협력을 이루는 것이다. 우리는 두려움의 검 대신 인생의 잔을 선택한다. 리안 아이슬러가 말했듯이 우리는 칼날이 아닌 성배를 선택한다.

라마나 마하르시의 주옥같은 말을 기억하라.

모든 지혜의 끝에는
사랑, 사랑, 사랑이 있다.

이것은 그저 하나의 위대한 잠언이 아니다. 보다 선해지고 싶다면 반드시 해야 할 일이다. 이는 새로운 인생과 세상의 문을 열어 줄 지극히 실용적이며 현실적인 열쇠다. 또한 인간 욕망의 피라미드 꼭대기로 우리를 이끌어 줄 한 장의 지도다.

행하는 모든 일 안에서 자신과 다른 이를 사랑하고 섬겨라.

바로 이것이 숨 쉬는 모든 순간 당신을 이끌어 줄 비밀이다. 꿈꾸는 삶과 모두에게 이로운 세상을 만들어낼 당신이 건네받은 나침반이다. 또한 모든 학문과 가치 있는 철학의 궁극적인 목적이다.

이것이 그 무엇보다 위대한 비밀이다.

자신과 다른 이를 사랑하고 섬기는 것이 충족과 행복과 평화의 열쇠다.

당신은 이제 비밀을 안다. 이를 당신만의 언어로 적고, 기억하고, 행동하고, 살아내라.

함께 노력하면서 우리는 꿈에 그리는 삶을 일궈 나갈 방법을 깨닫게 된다. 그리고 모두를 위해 평화롭고, 더 나은 세상을 만들 수 있다. 끊임없이 이를 되뇌어야 한다. 기억해야 한다.

협력 속에서 우리는 꿈에 그리는 삶을 일궈 나갈 방법을 깨닫게 된다. 또한 모두를 위해 평화롭고, 더 나은 세상을 만들 수 있다.

EPILOGUE

행복의 비밀은 자신이 좋아하는 일을 하는 것이 아니라,

자신이 하는 일을 좋아하는 것이다.

앤드류 매튜스

행복해져서
성공하다

베스트셀러이자 성공한 기업가이며 작곡가인 마크 알렌
은 자본이 거의 없는 상태에서 출판사, New World Library
를 시작했다. 그리고 현재 New World Library는 자기 계발
분야에서 독보적인 위치에 올라 있다.

그는 작곡가로서도 활발하게 활동하고 있으며, 현재까지
5장의 앨범을 발표했다. 1978년 처음으로 소개한 《Breathe》
는 10만 장 이상 판매되었으며, "뉴에이지 음악의 명품"이라
평가받고 있다.

사람들은 그에게 끊임없이 묻는다.
"정말로 이렇게 여유를 부리면서 성공할 수 있나요?"
그는 대답한다.

"네. 사람이 60억 명인 것처럼, 성공과 행복의 방법 역시 다양합니다. 우리는 모두 아주 독보적이고 독창적인 존재입니다. 때문에 성공과 행복의 방법 역시 그럴 수밖에 없습니다."

그가 꿈꾸었던 이상적인 삶은 '억만장자'가 아니라 '재정적인 성공'과 '여유롭고 편안하며 사랑하고 섬기는 삶'이었다. 현재, 그는 그가 꿈꾸었던 대로 그의 가족과 함께 캘리포니아에 거주하면서 노숙하며 고생하고 있는 이들을 돕고 있다.

성공하지 말고, **행복**해져라

copyright ⓒ 2011 마음의숲

지은이 마크 알렌
1판 1쇄 인쇄 2011년 9월 7일 | 1판 1쇄 발행 2011년 9월 16일 | 발행인 신혜경
발행처 마음의숲 | 등록 2006년 8월 1일(105-91-03955)
주소 서울시 마포구 서교동 396-47 2층
전화 (02) 322-3164~5 팩스 (02) 322-3166 | 마음의숲 카페 cafe.naver.com/lmindbookl
기획 권대웅 | 편집 권해진 구현진 | 마케팅 박창일 | 디자인 김현주
ISBN 978-89-92783-50-7 03320

저자와 협의하여 인지를 생략합니다.
저자와 출판사의 허락 없이 내용의 일부를 인용, 발췌하는 것을 금합니다.